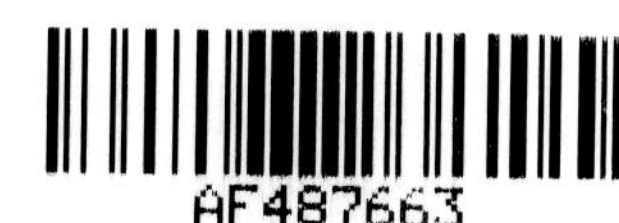
AF487663

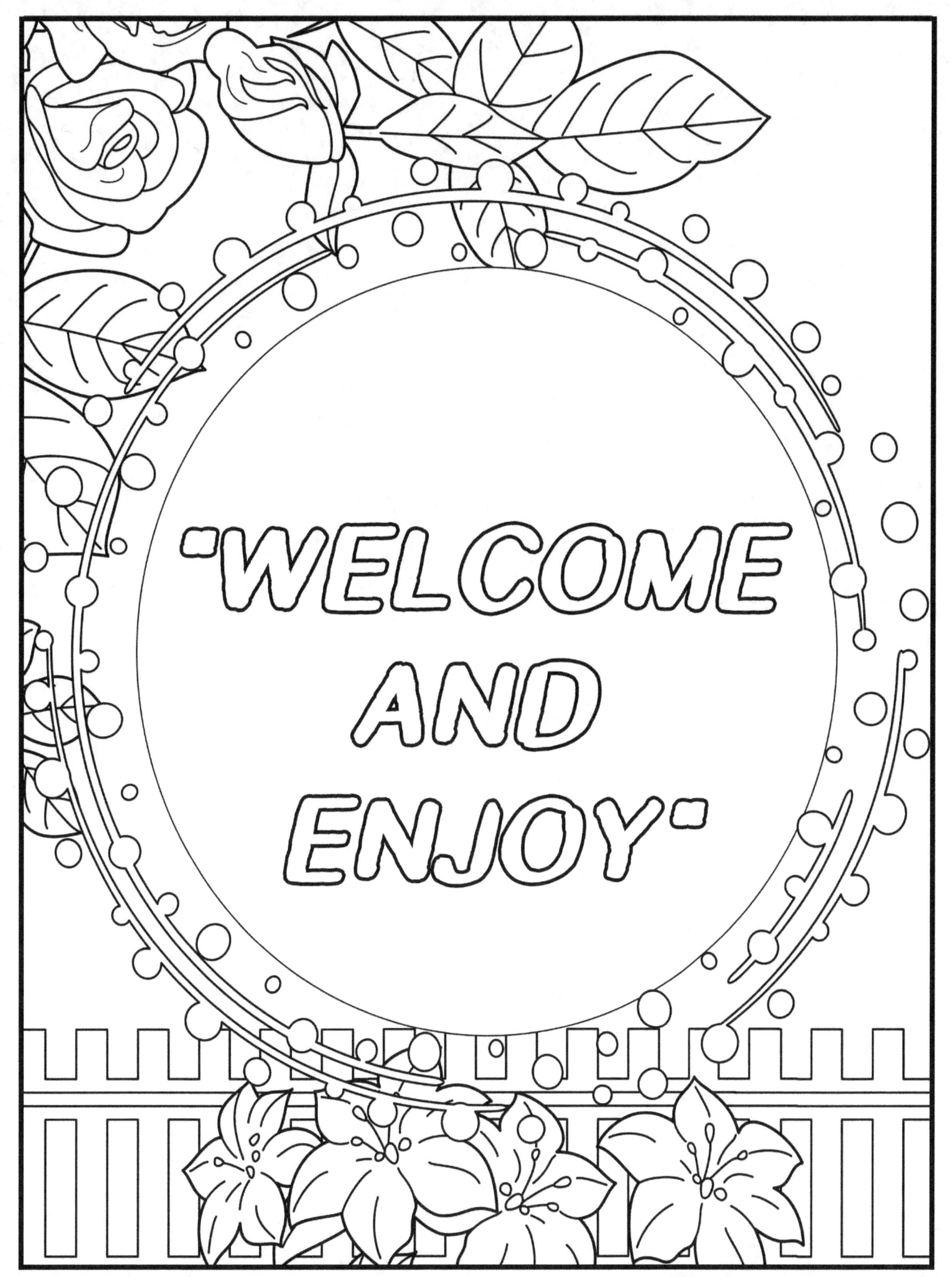

"WELCOME AND ENJOY"

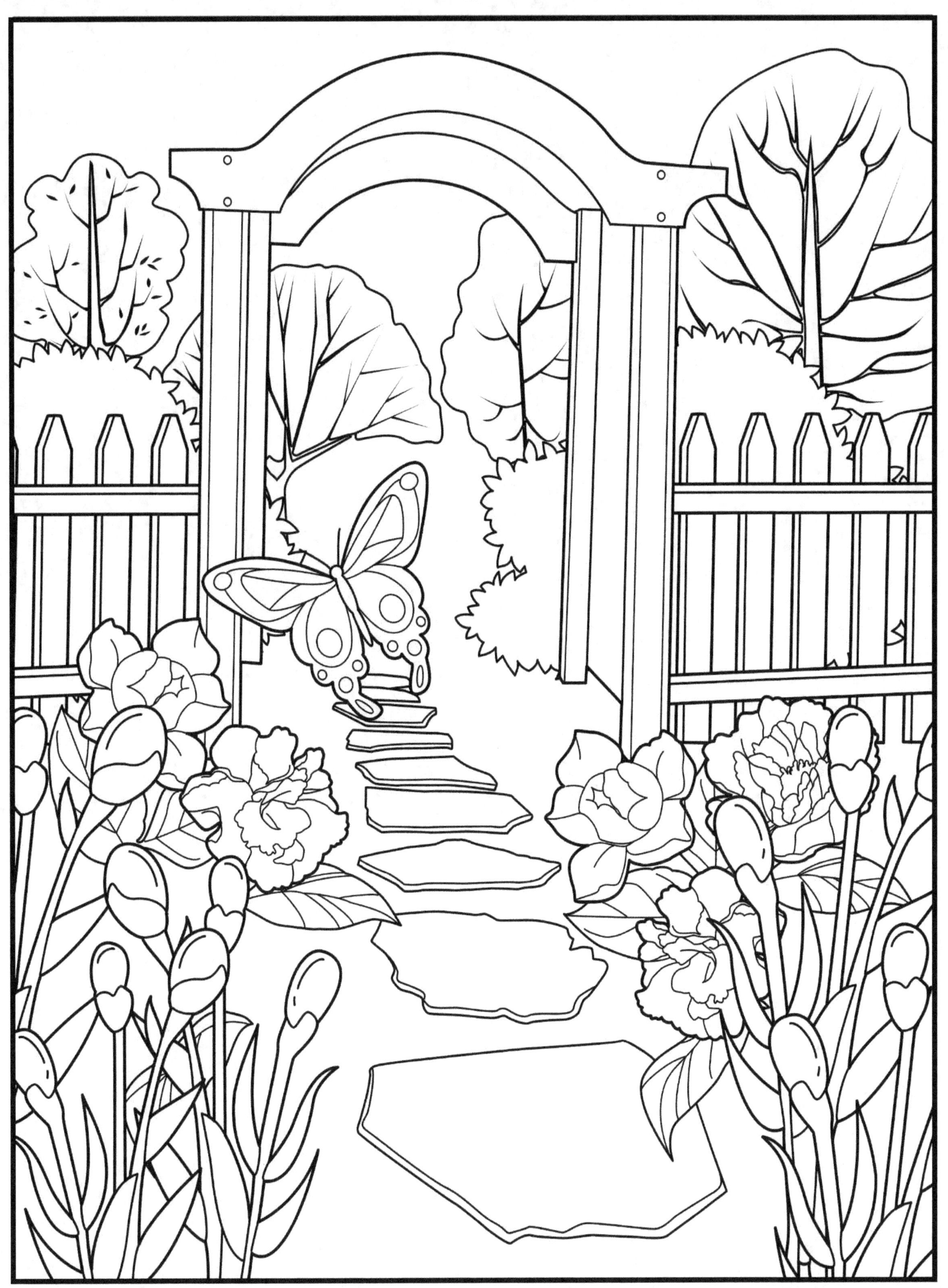

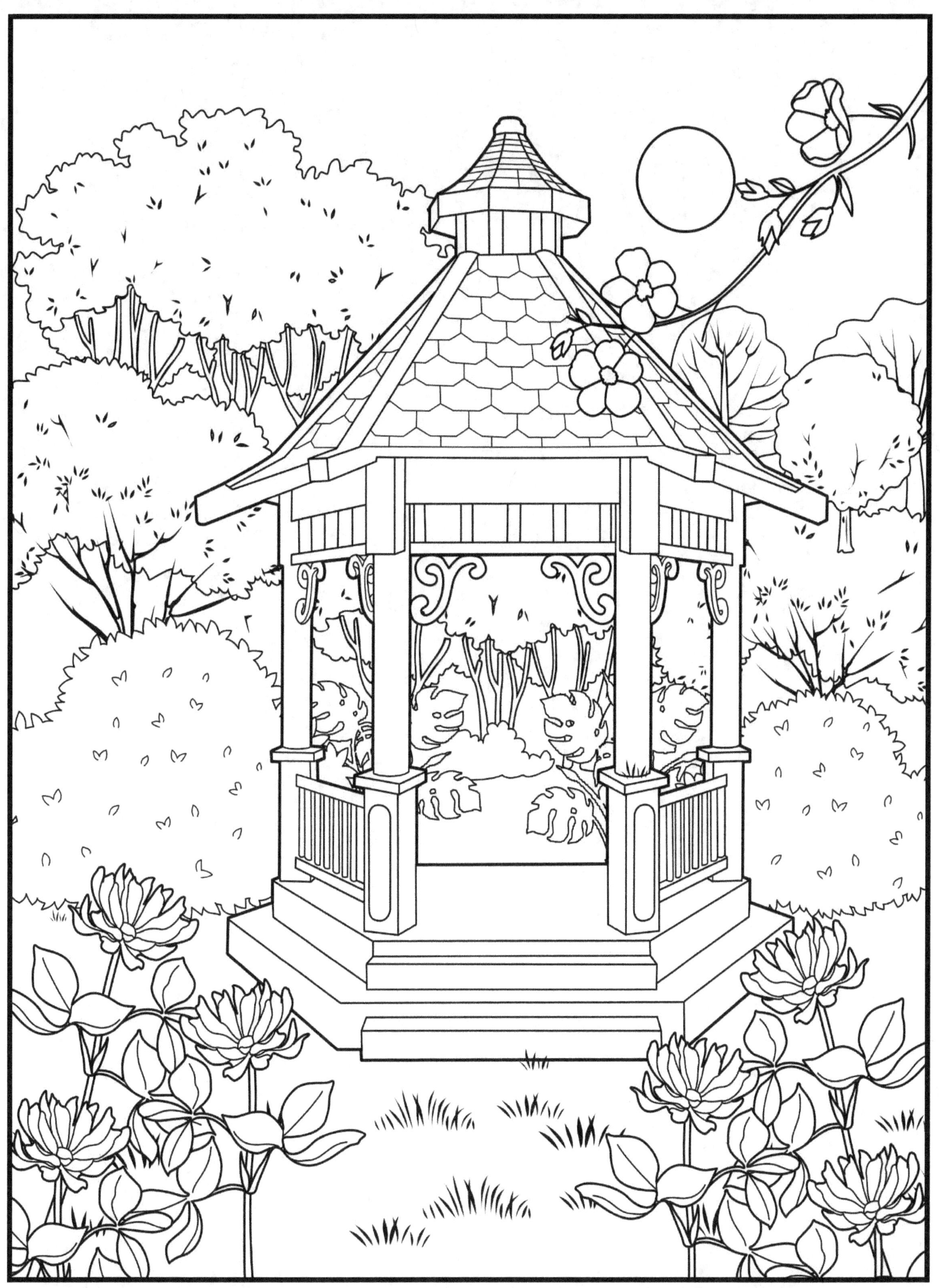

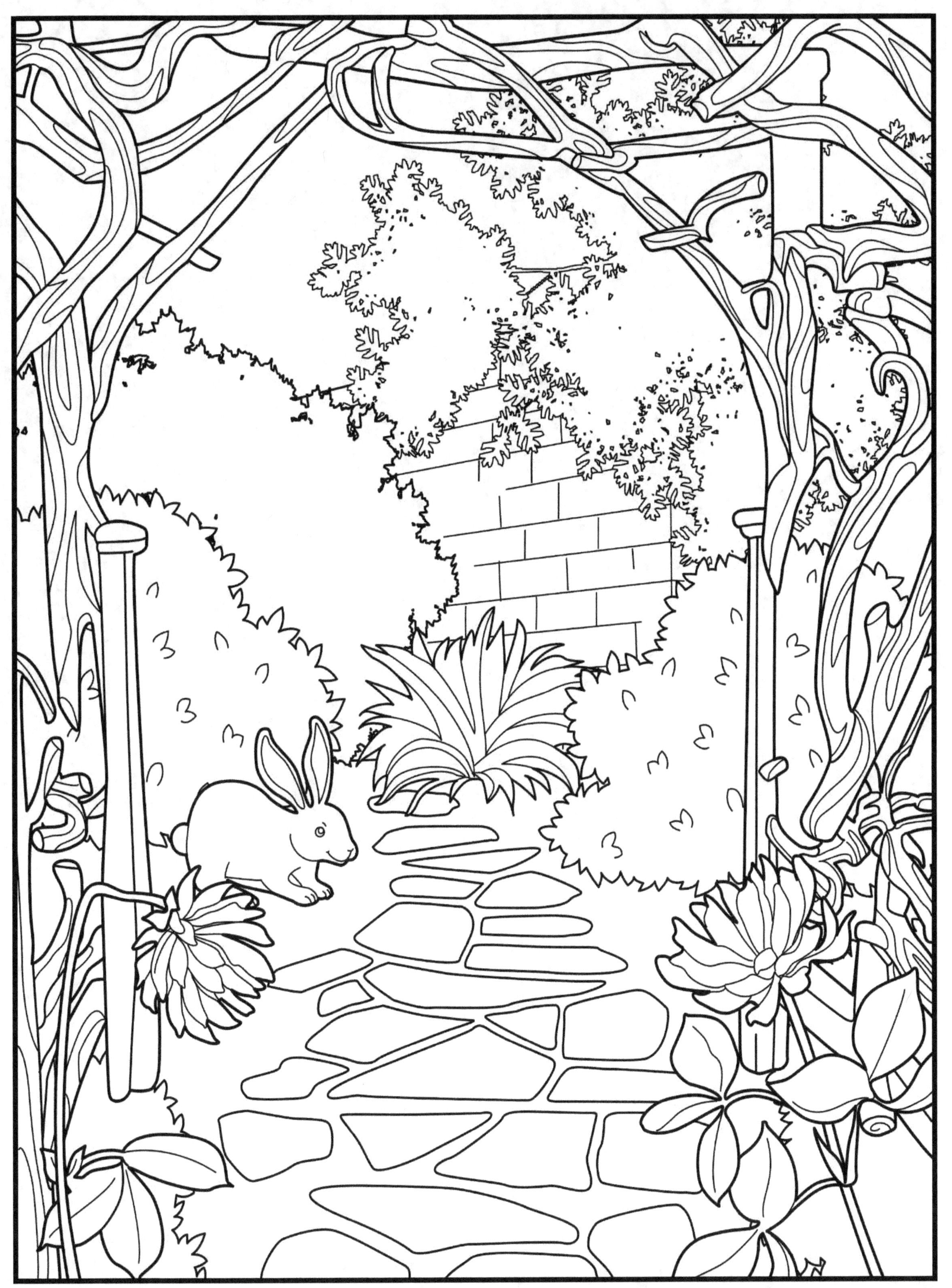

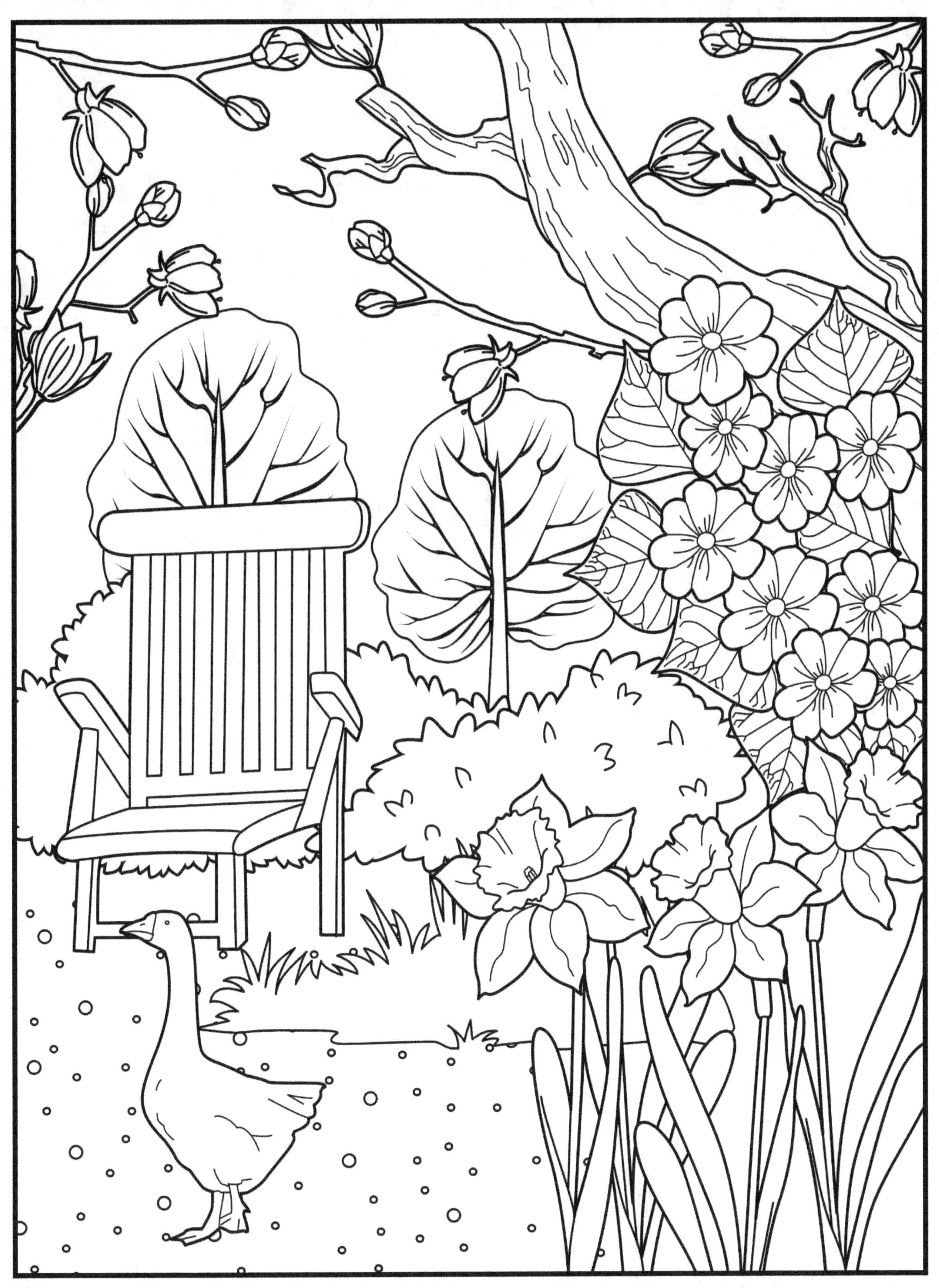

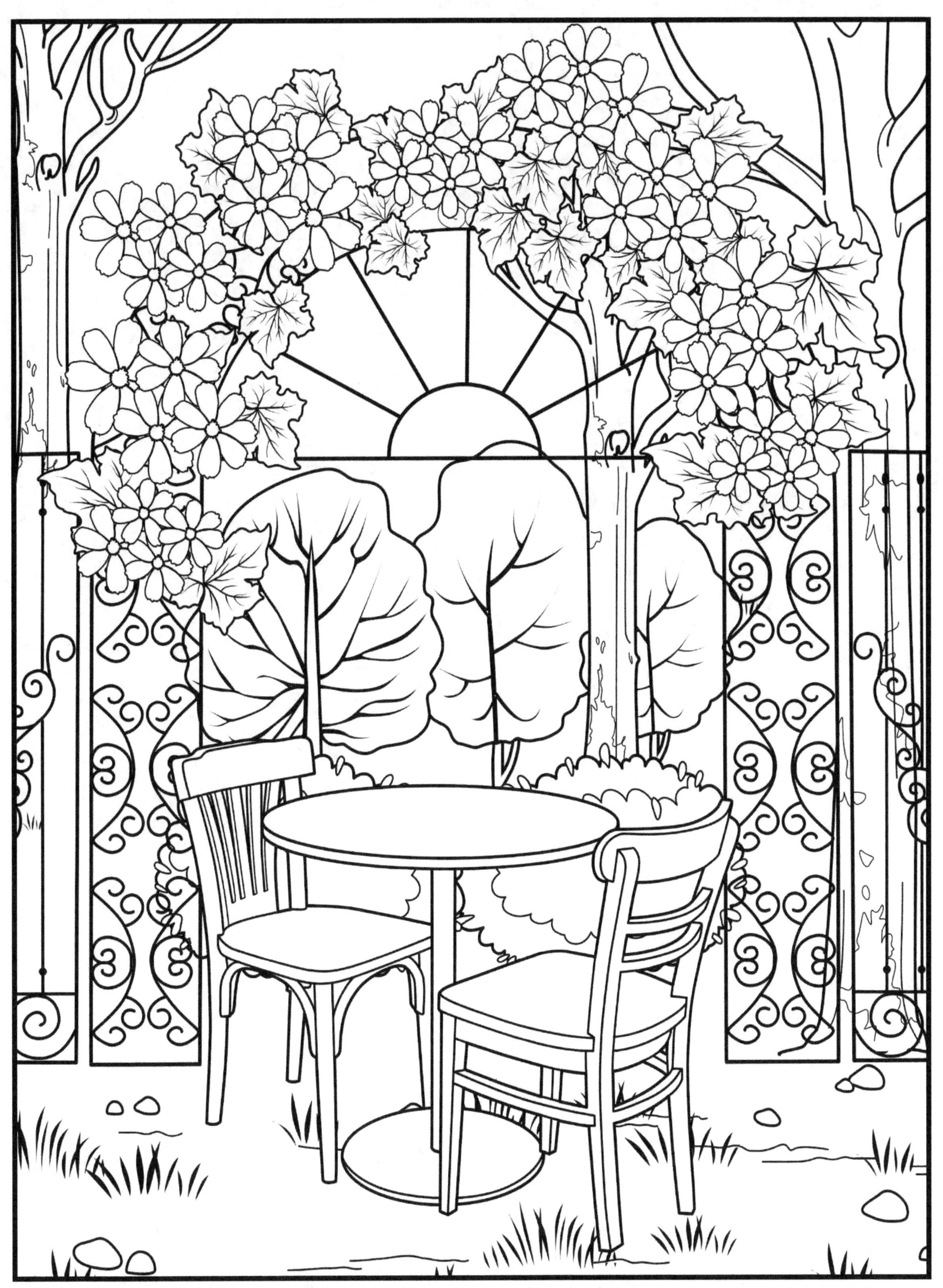

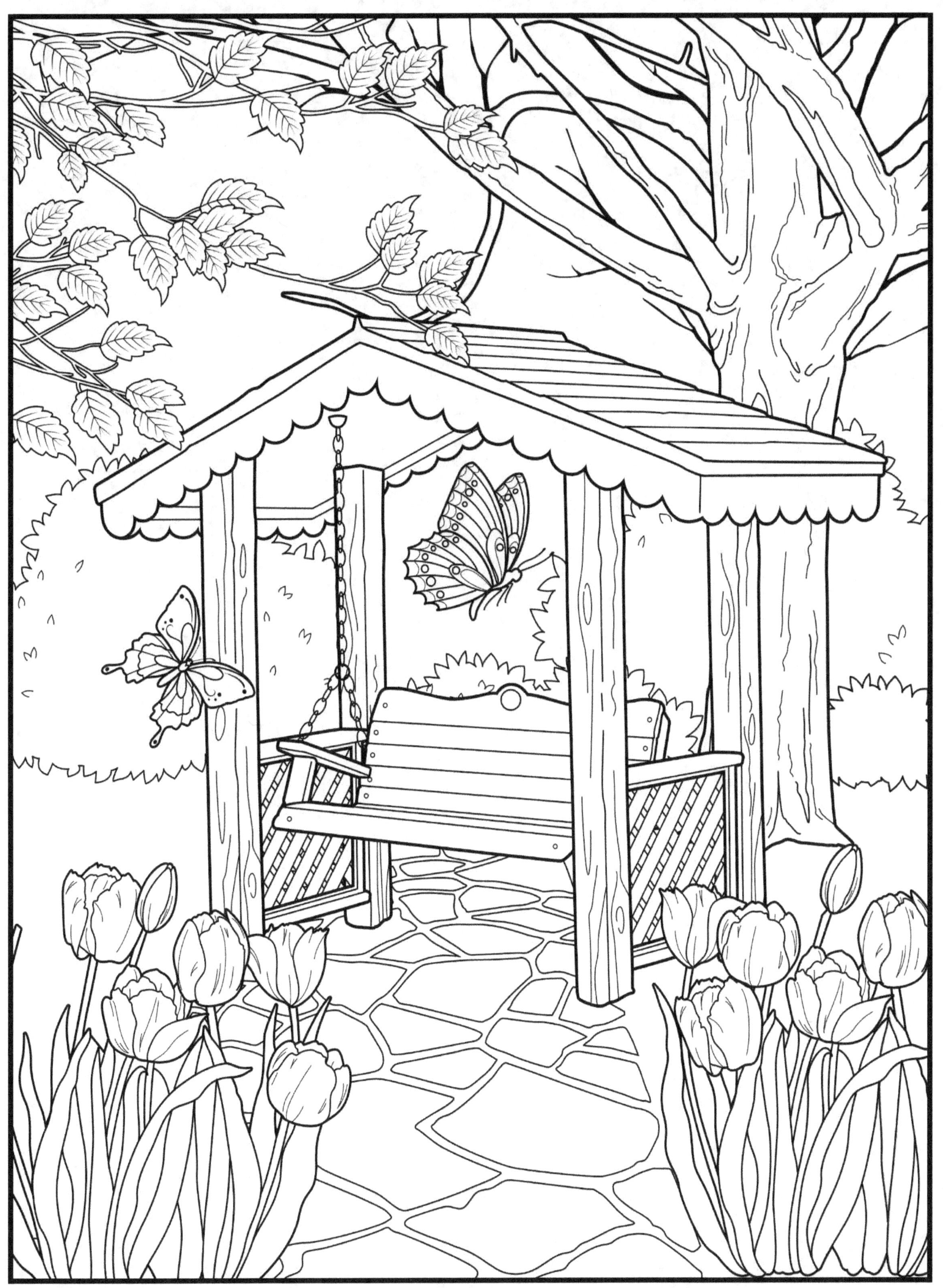

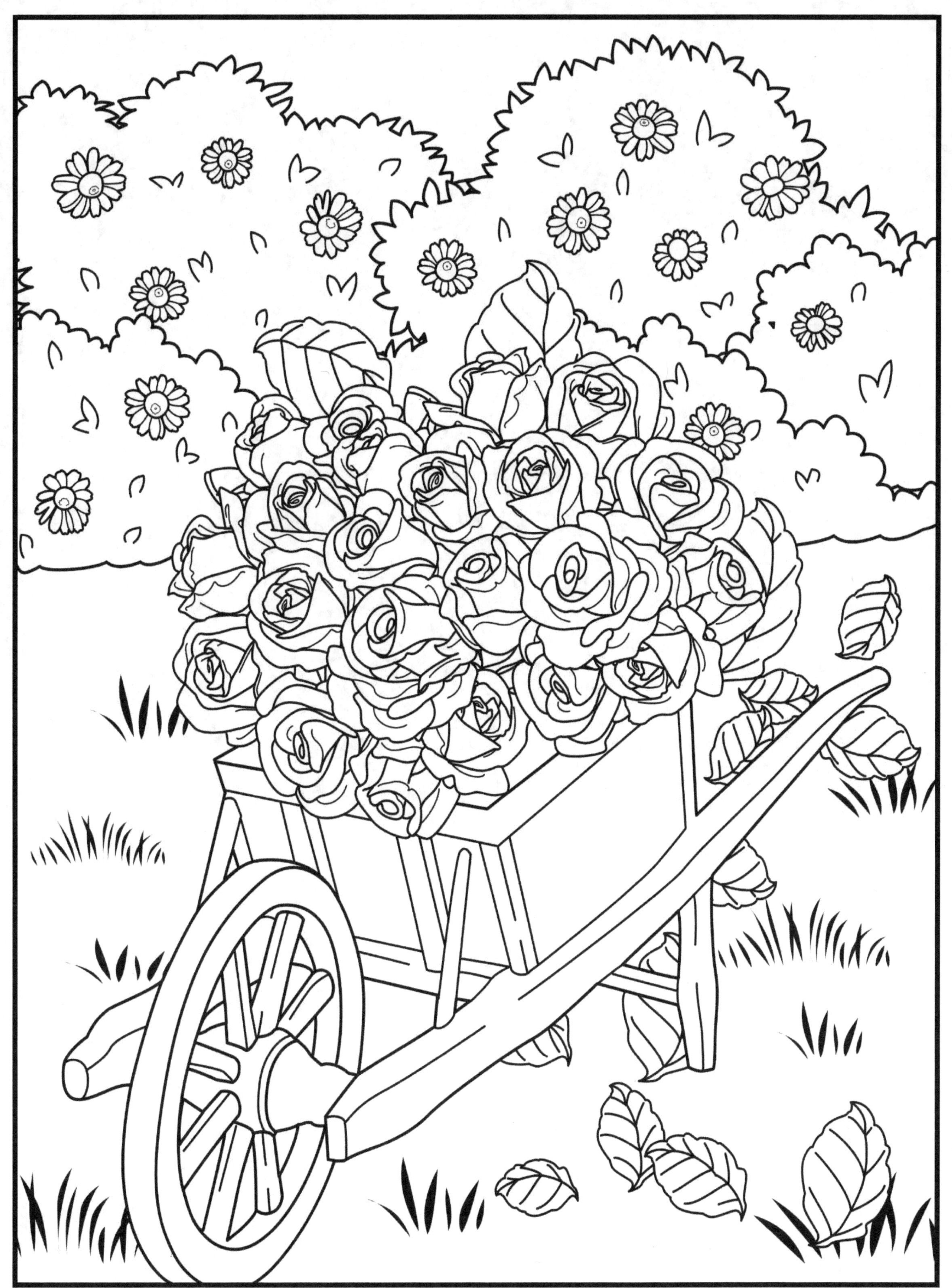

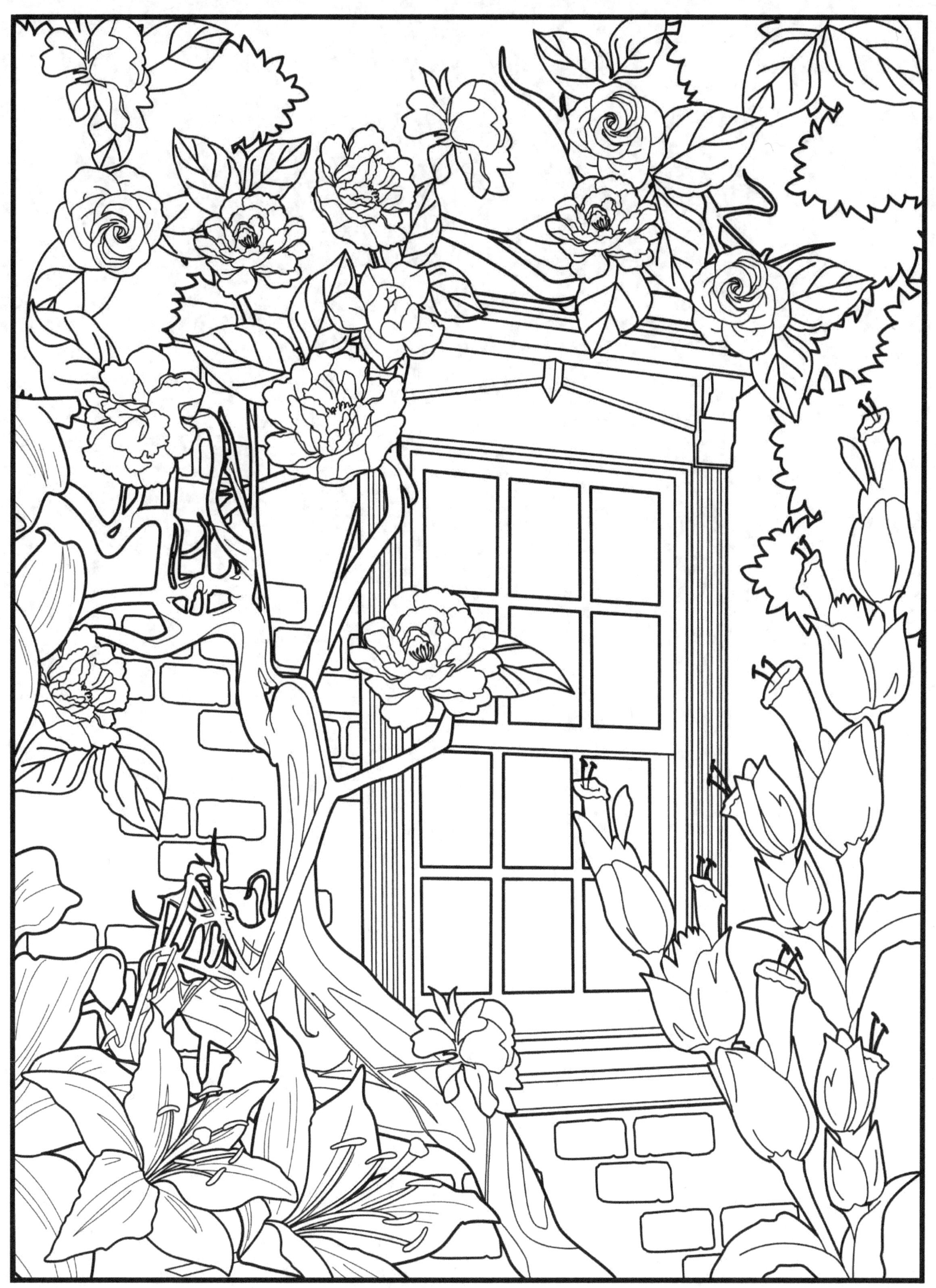

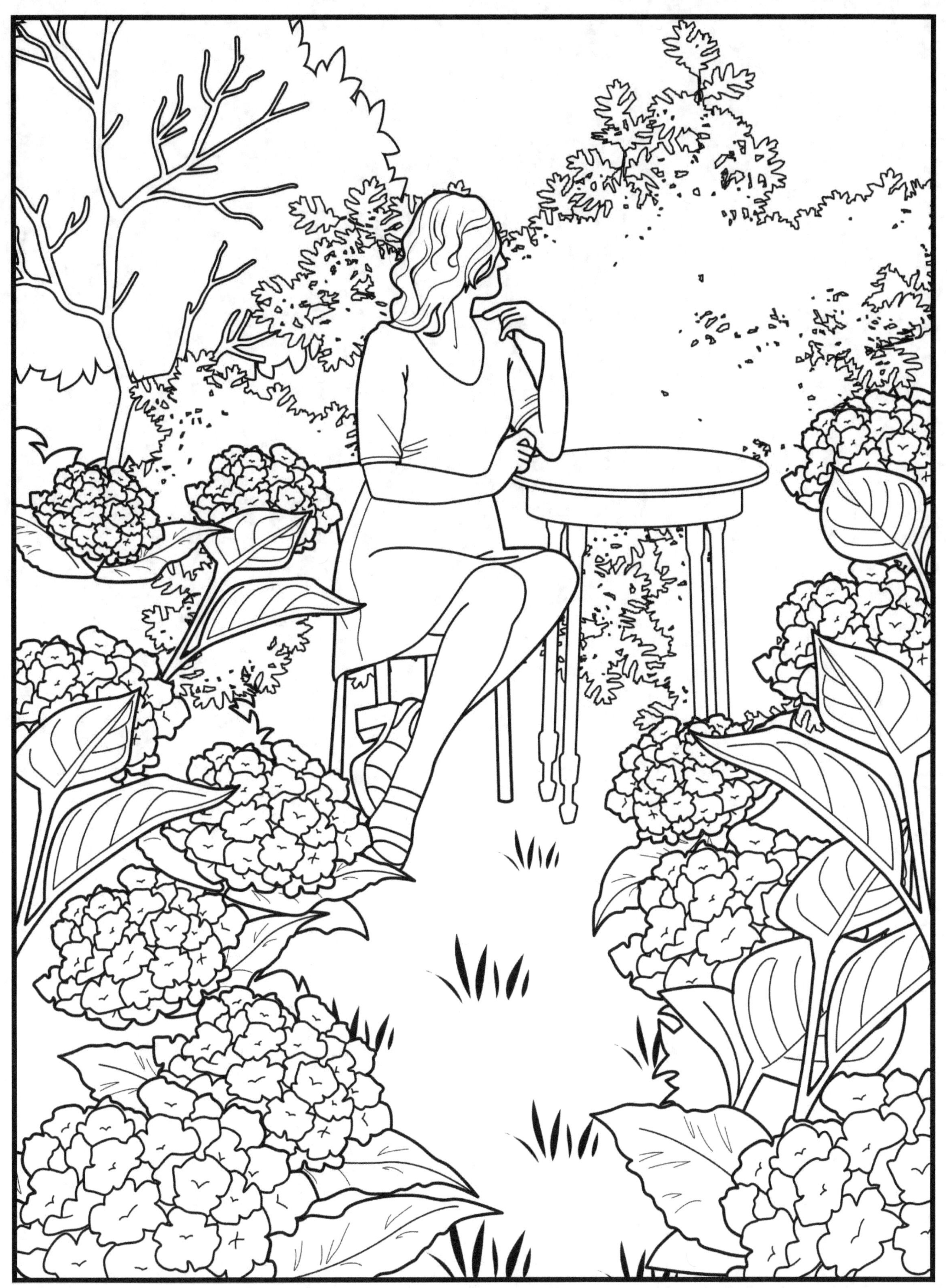

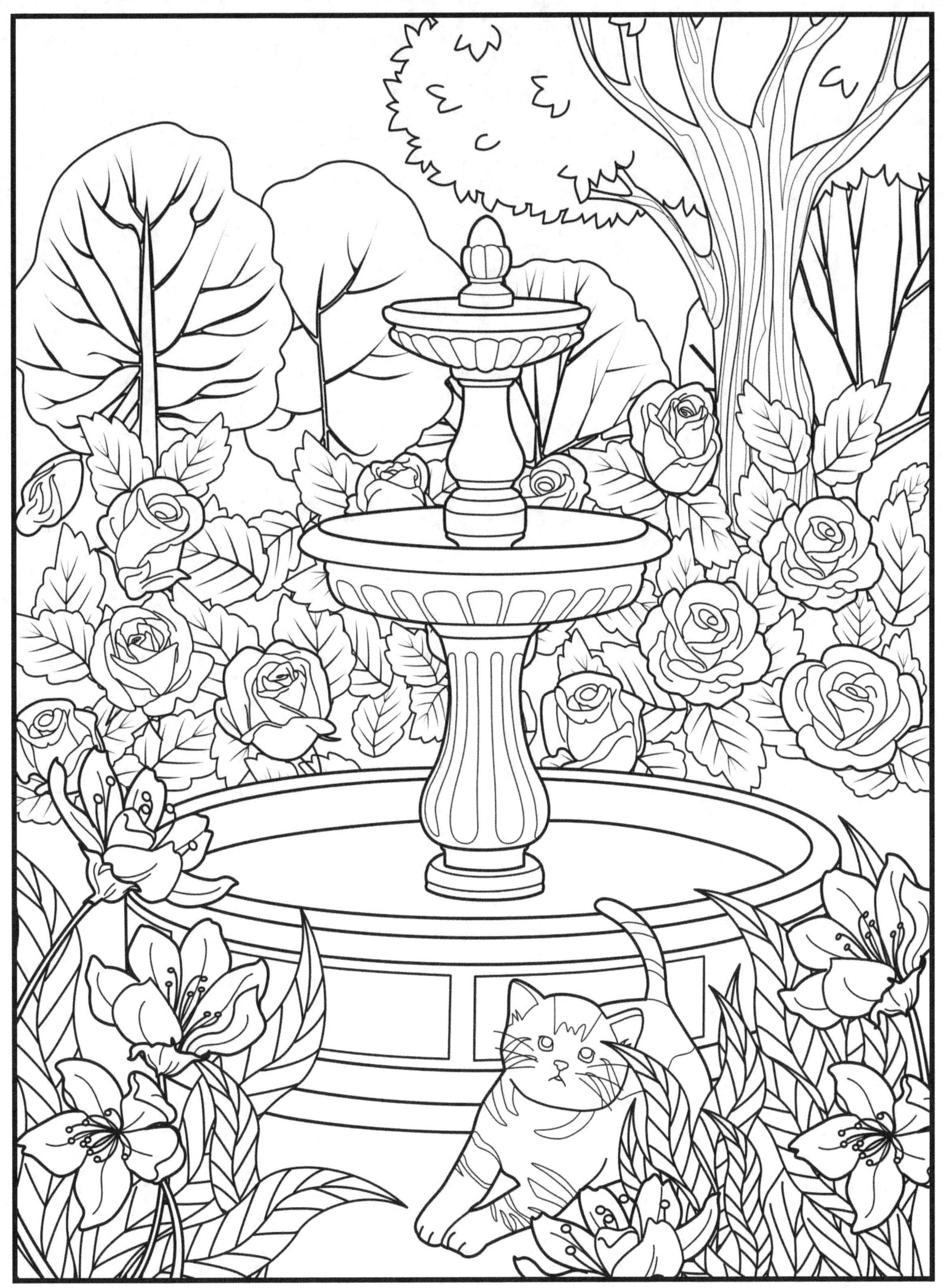

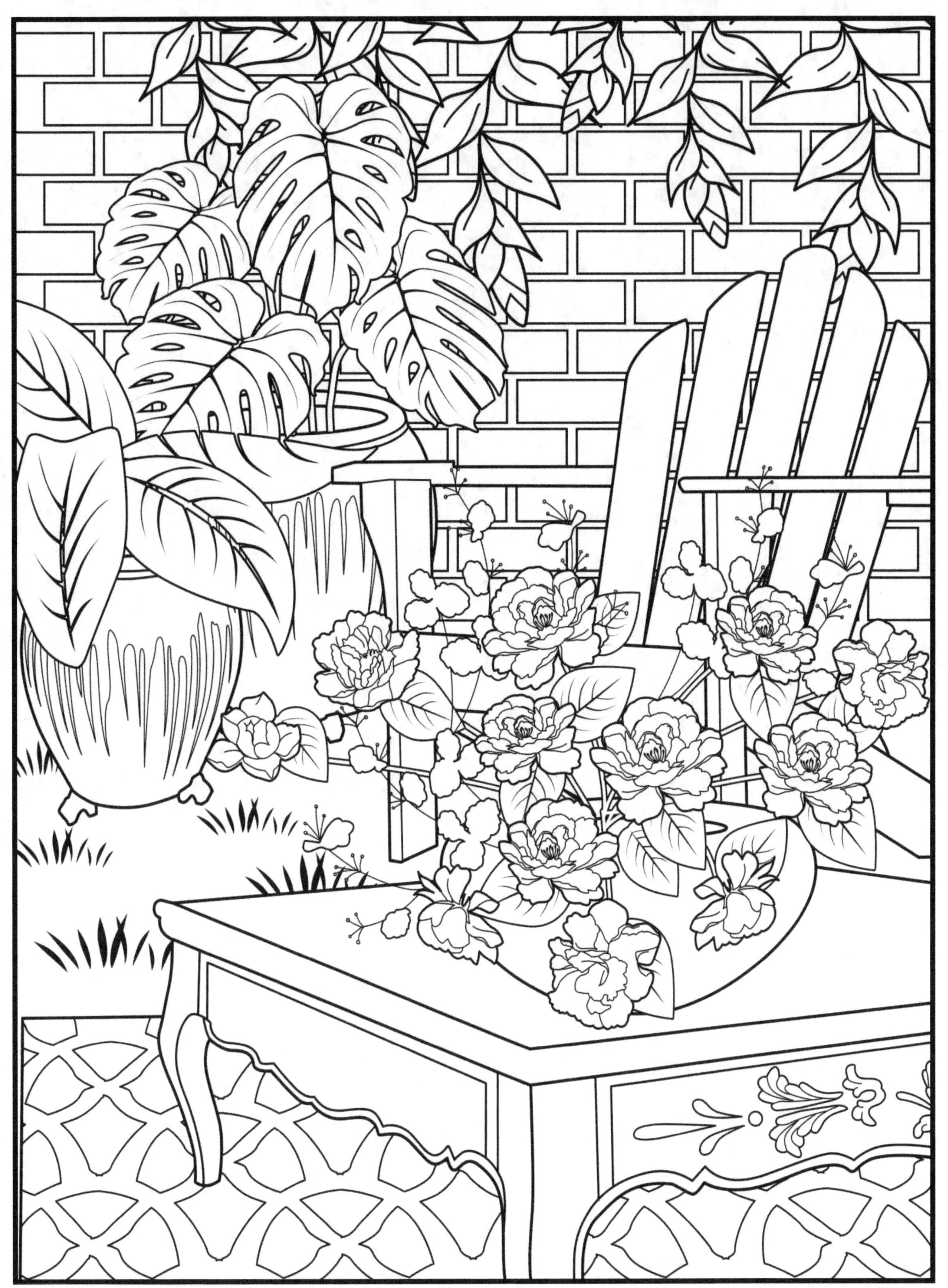

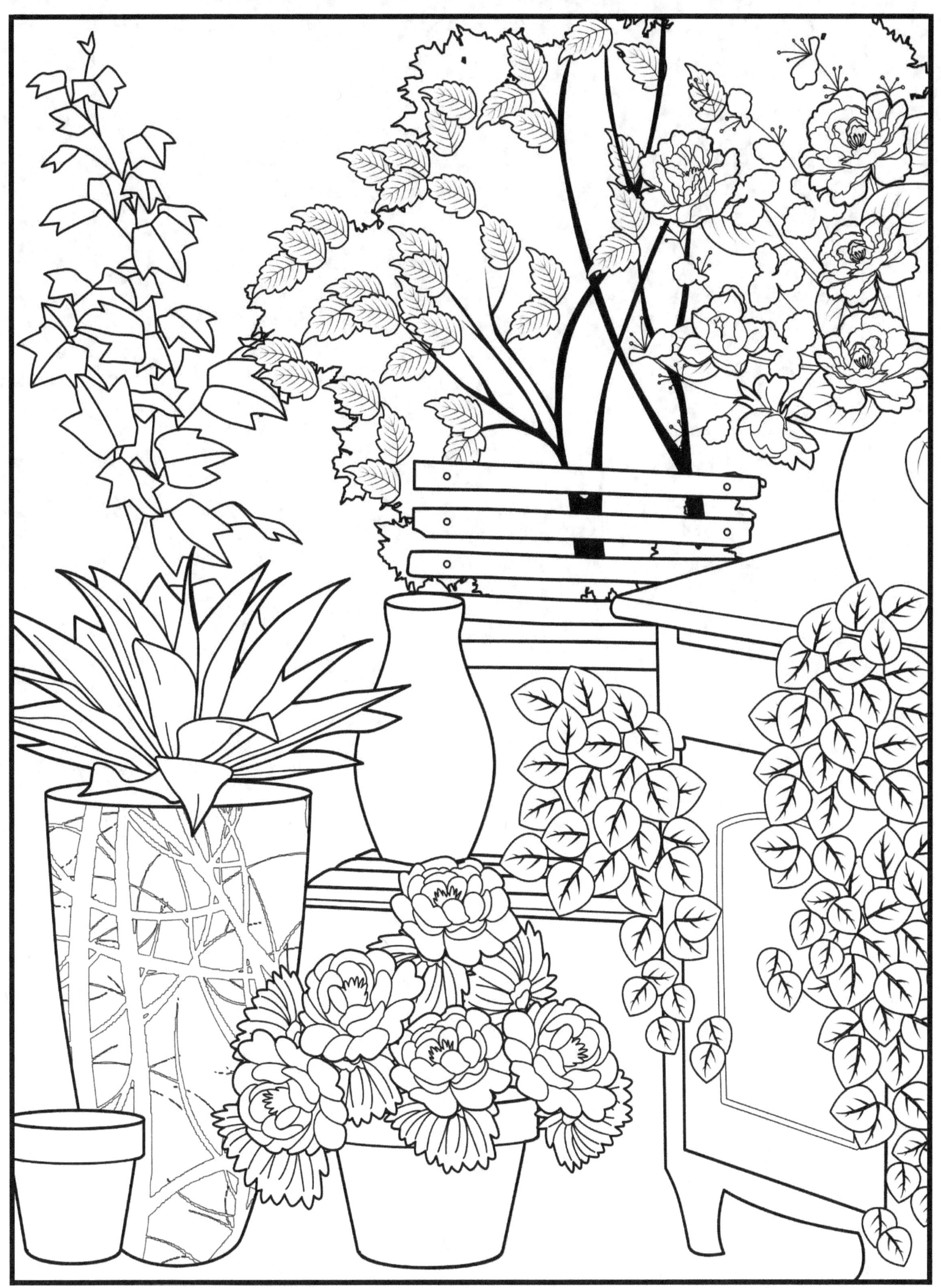

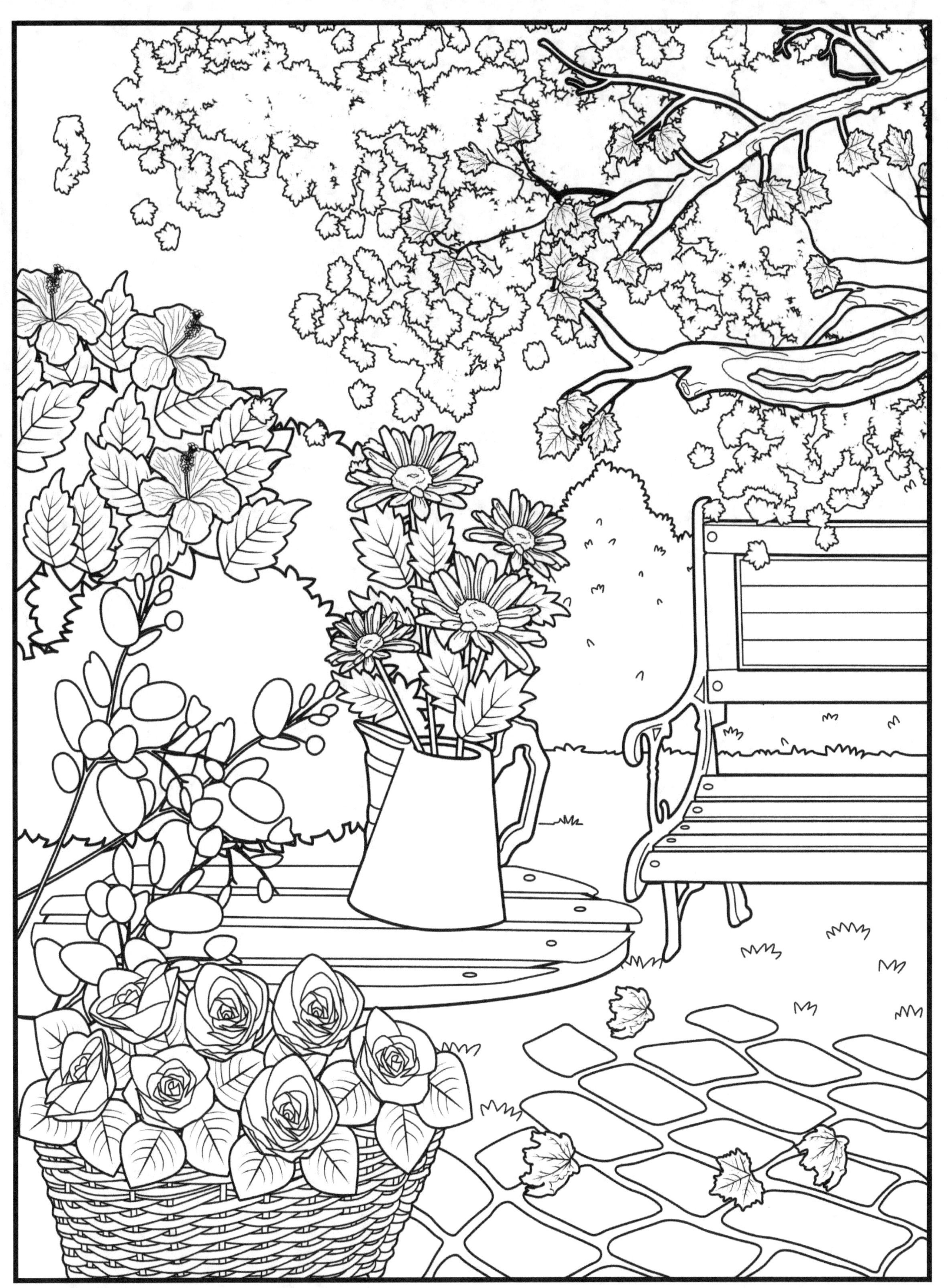

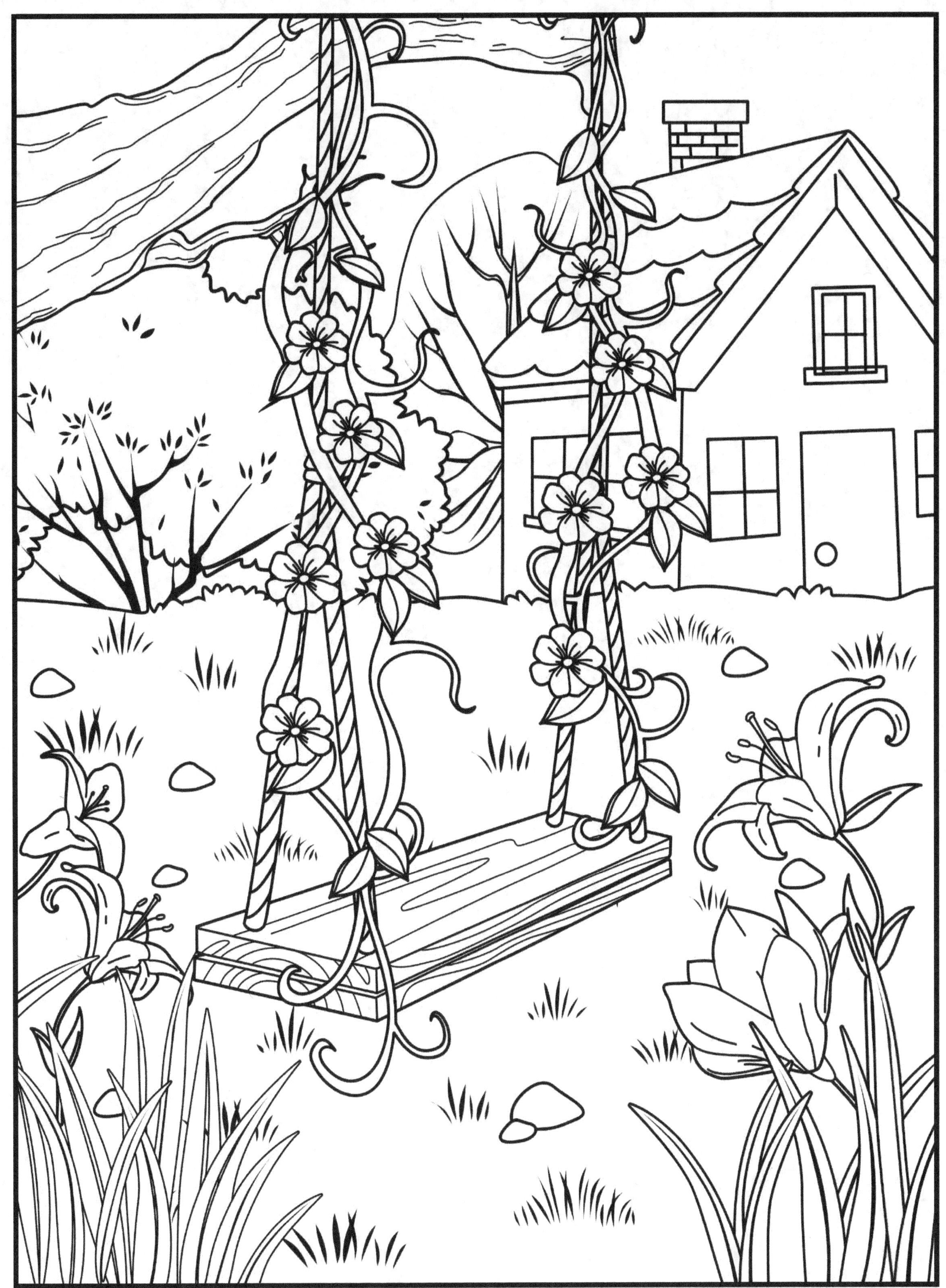

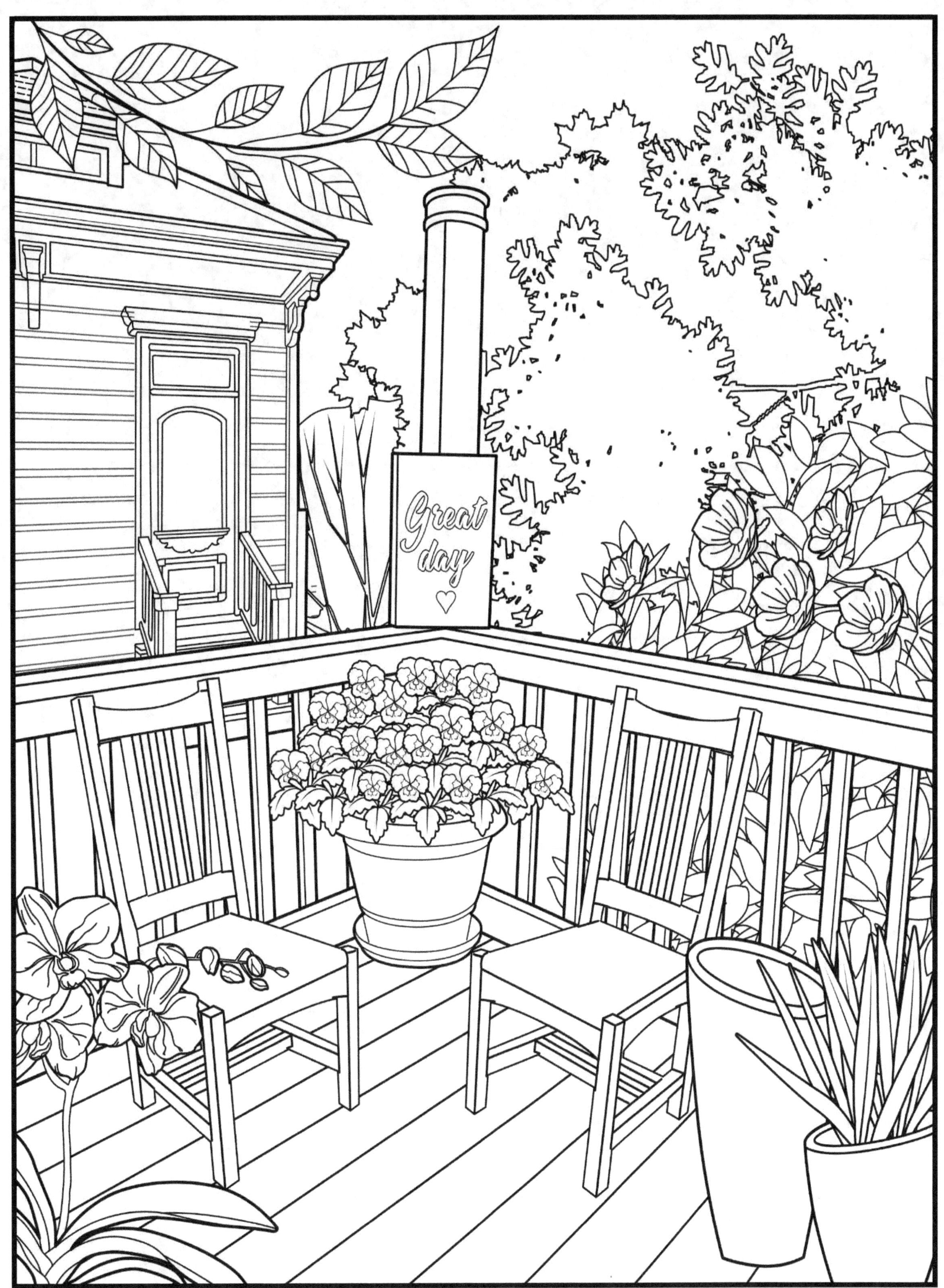
Great
day
♡

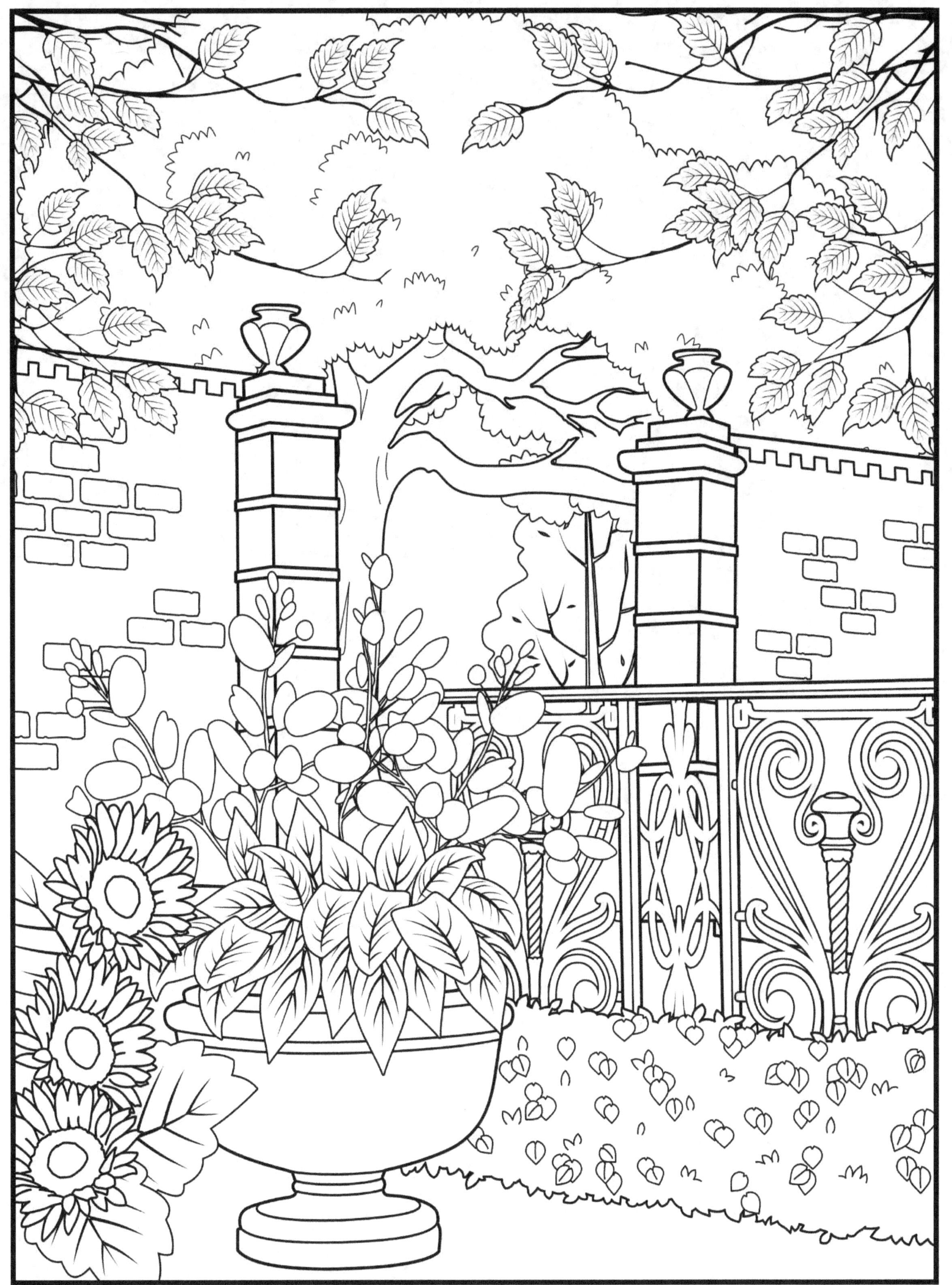

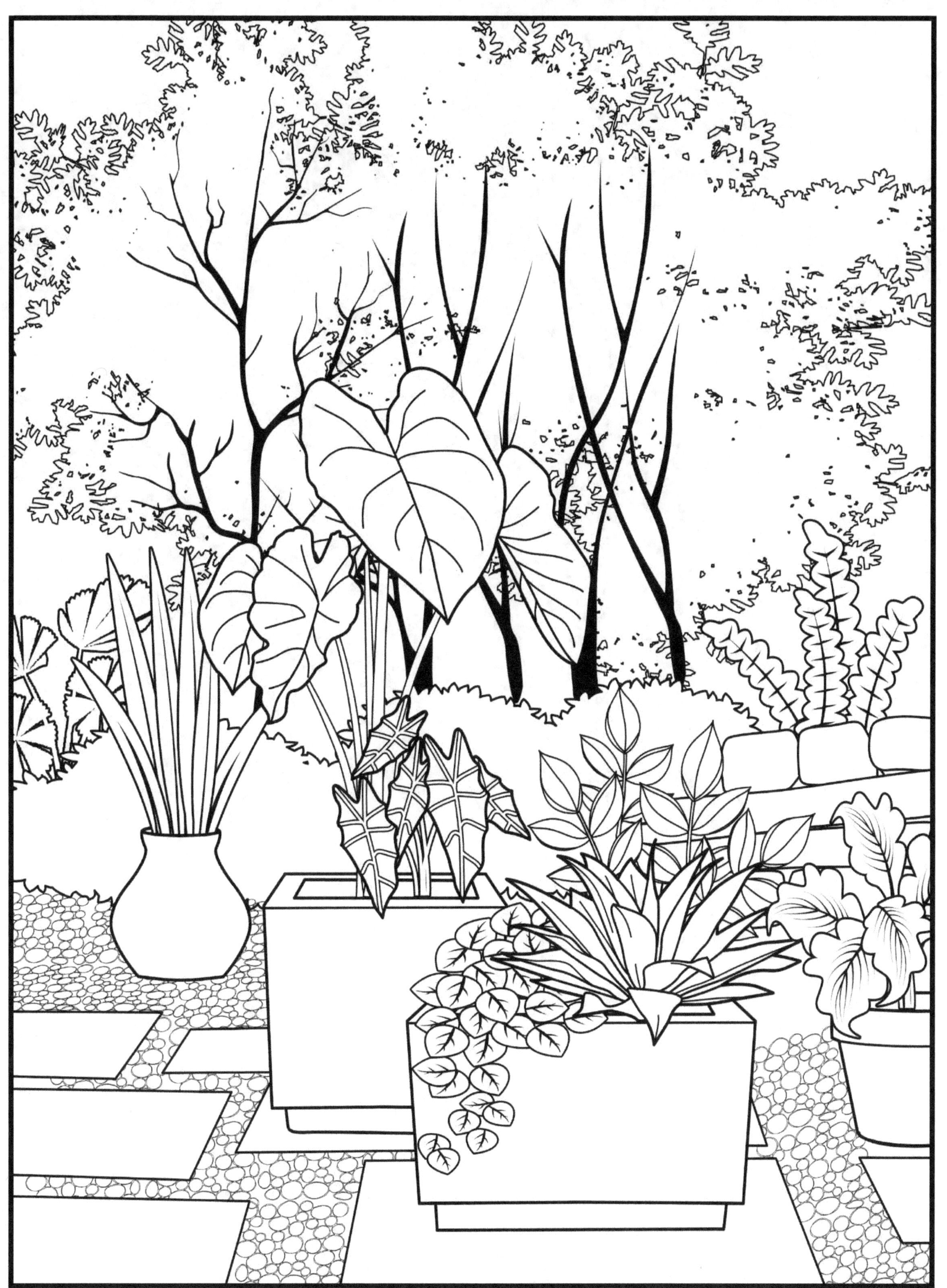

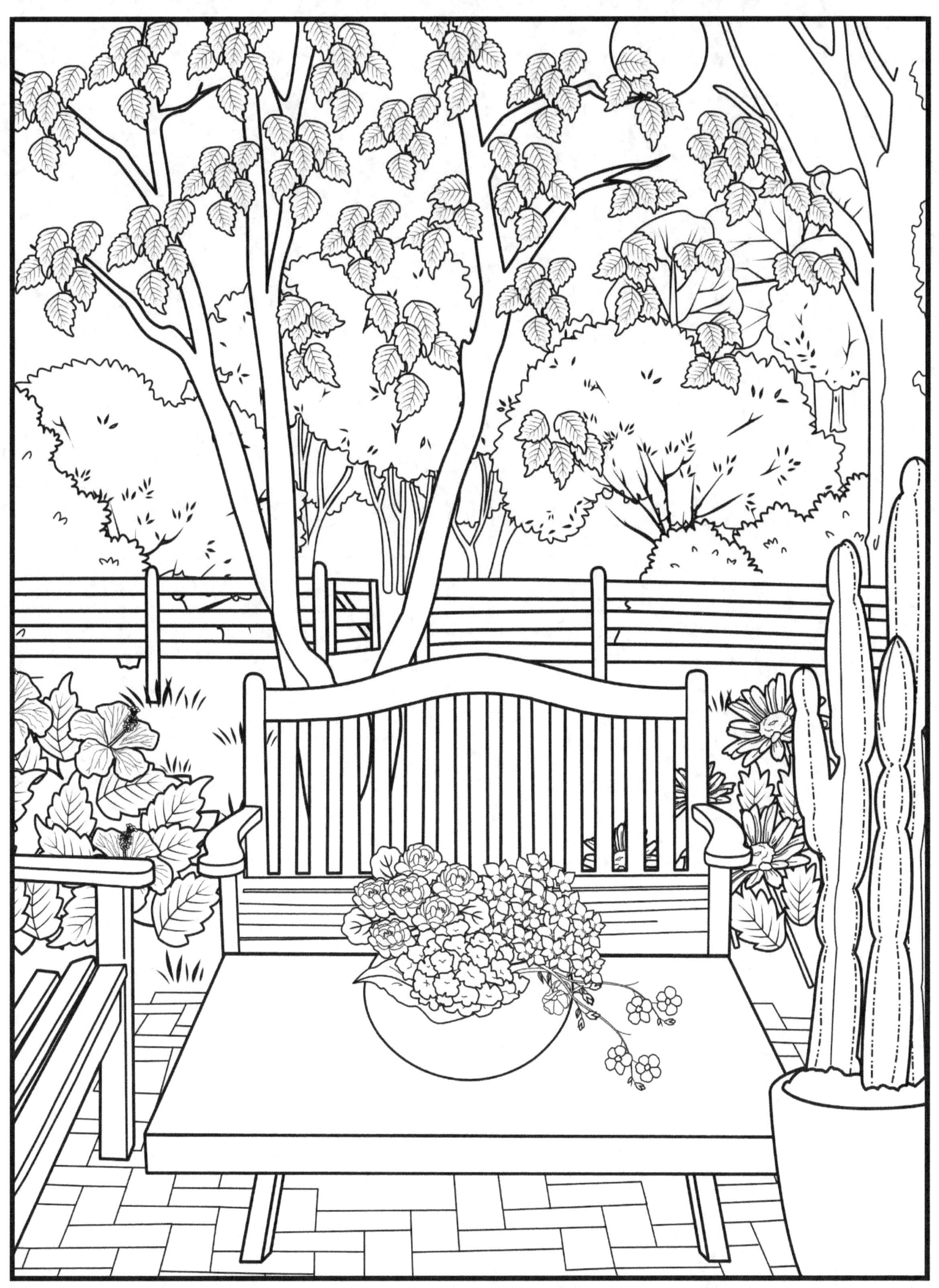

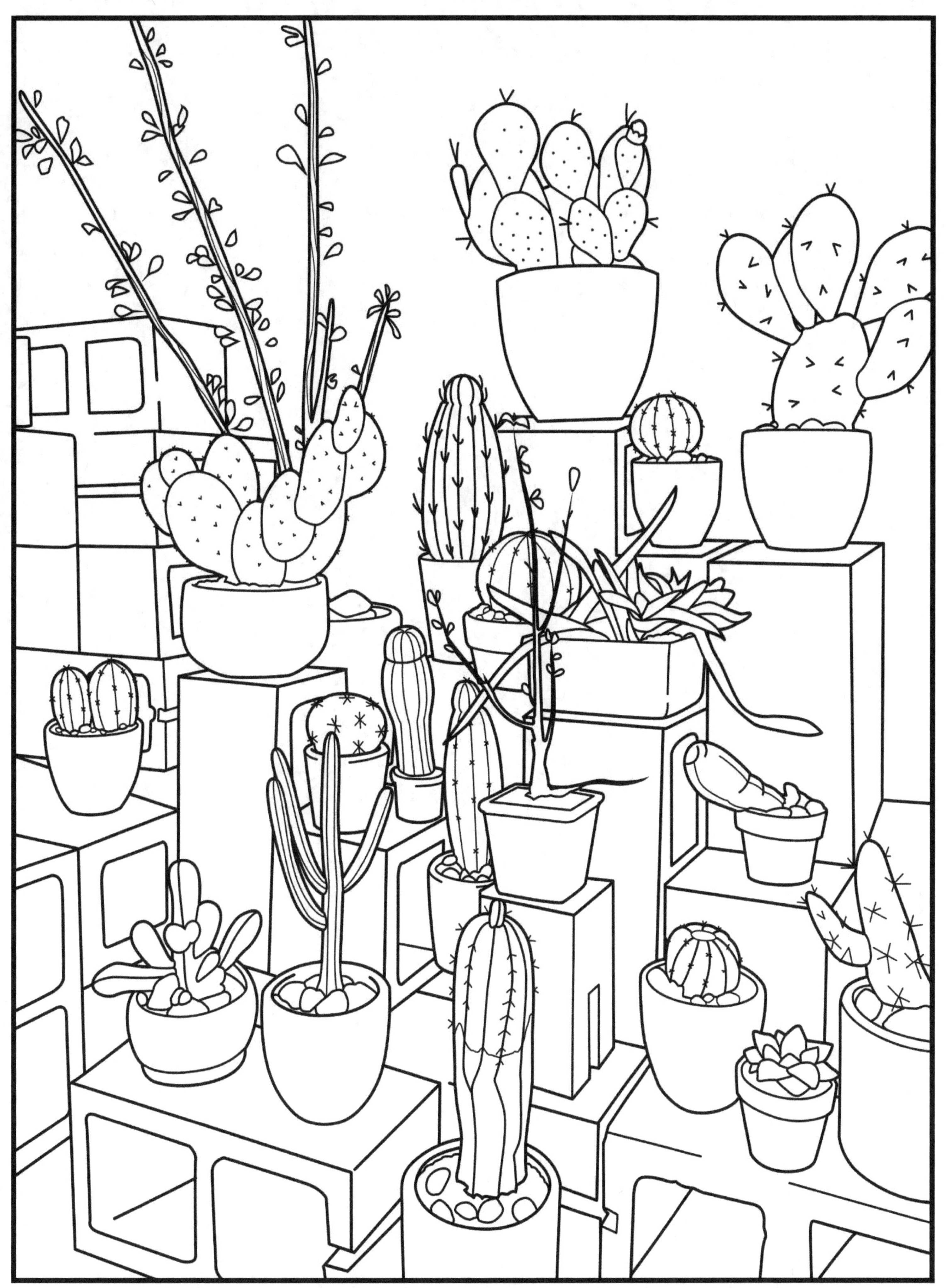

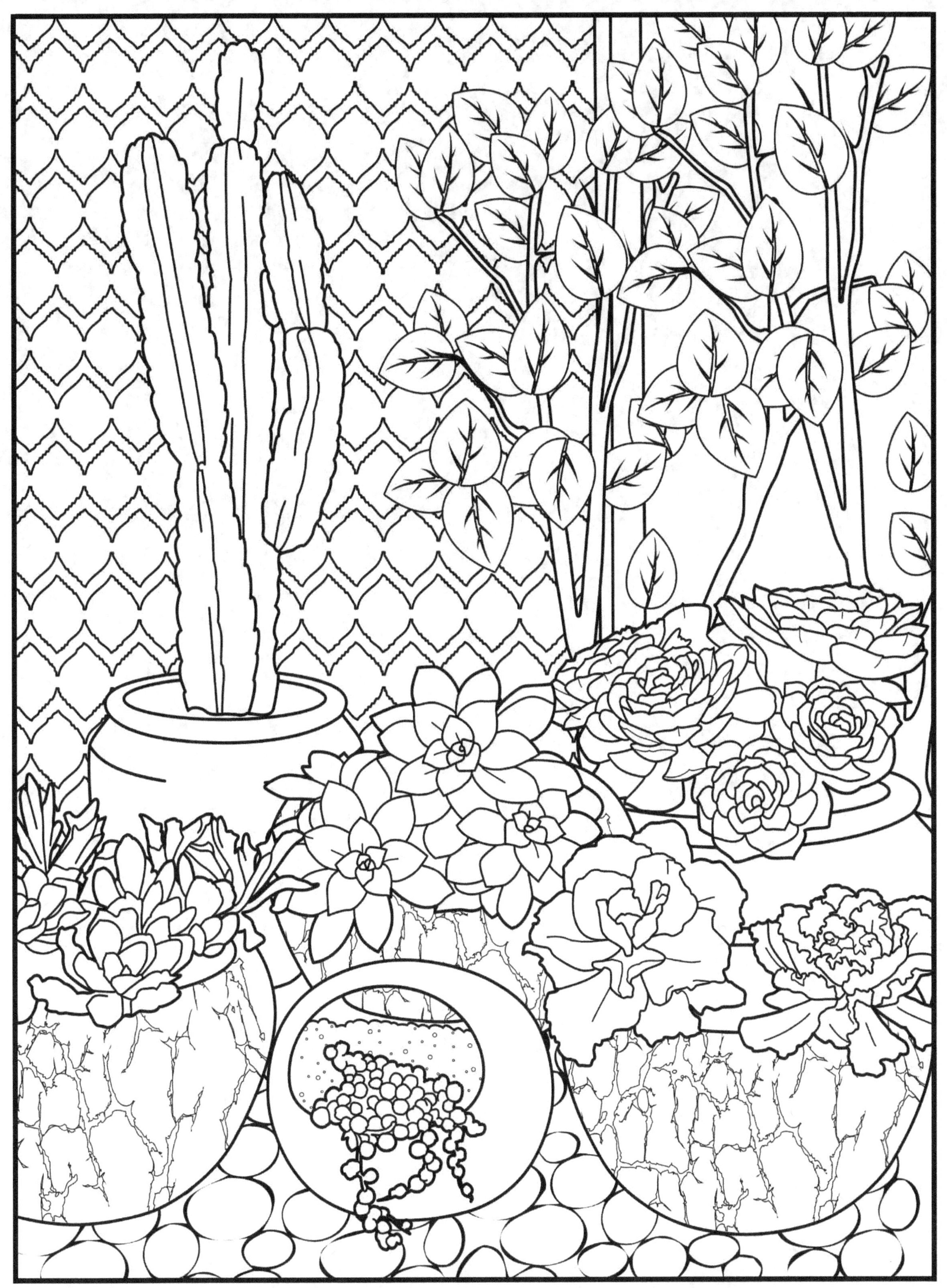

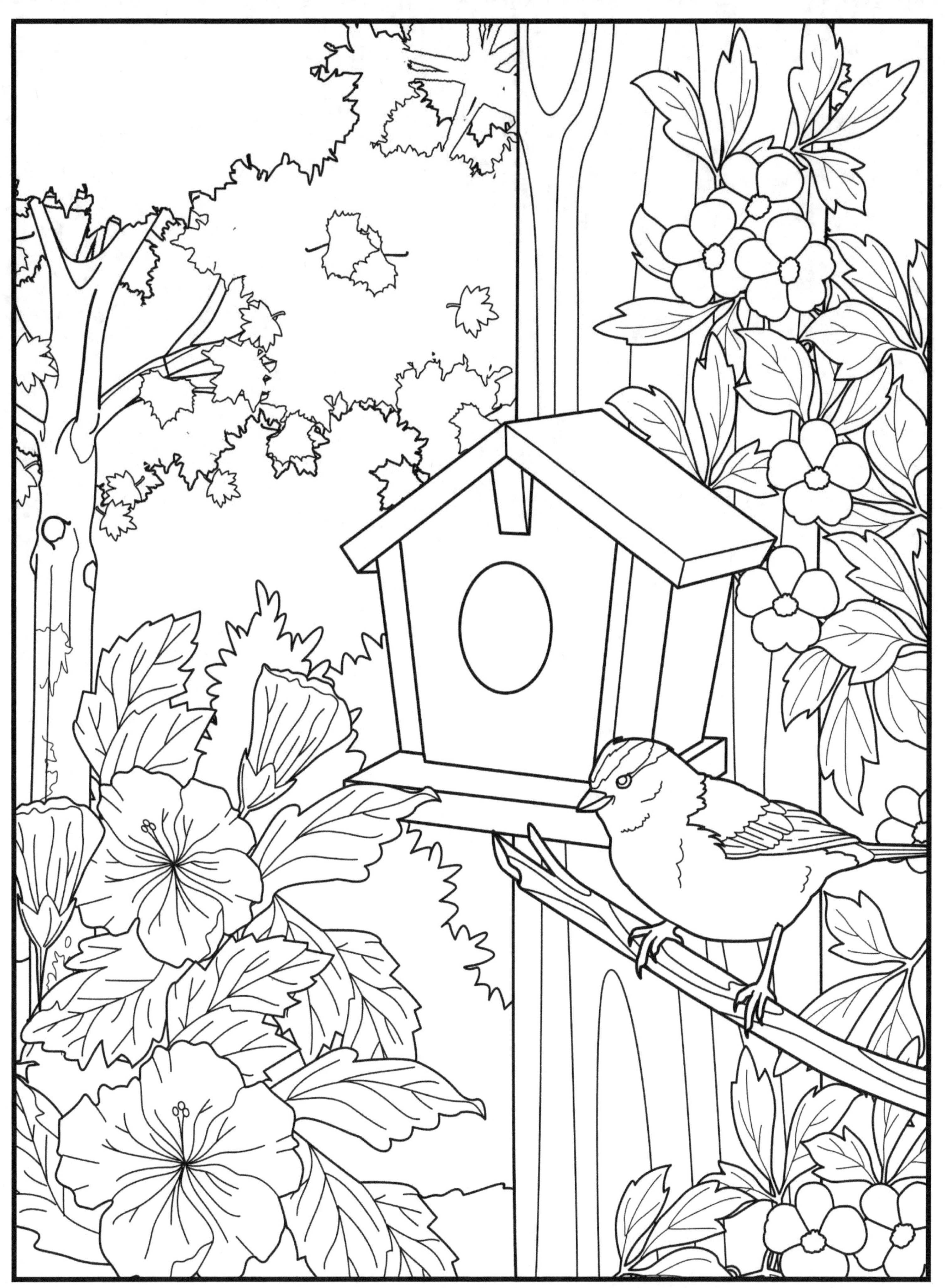

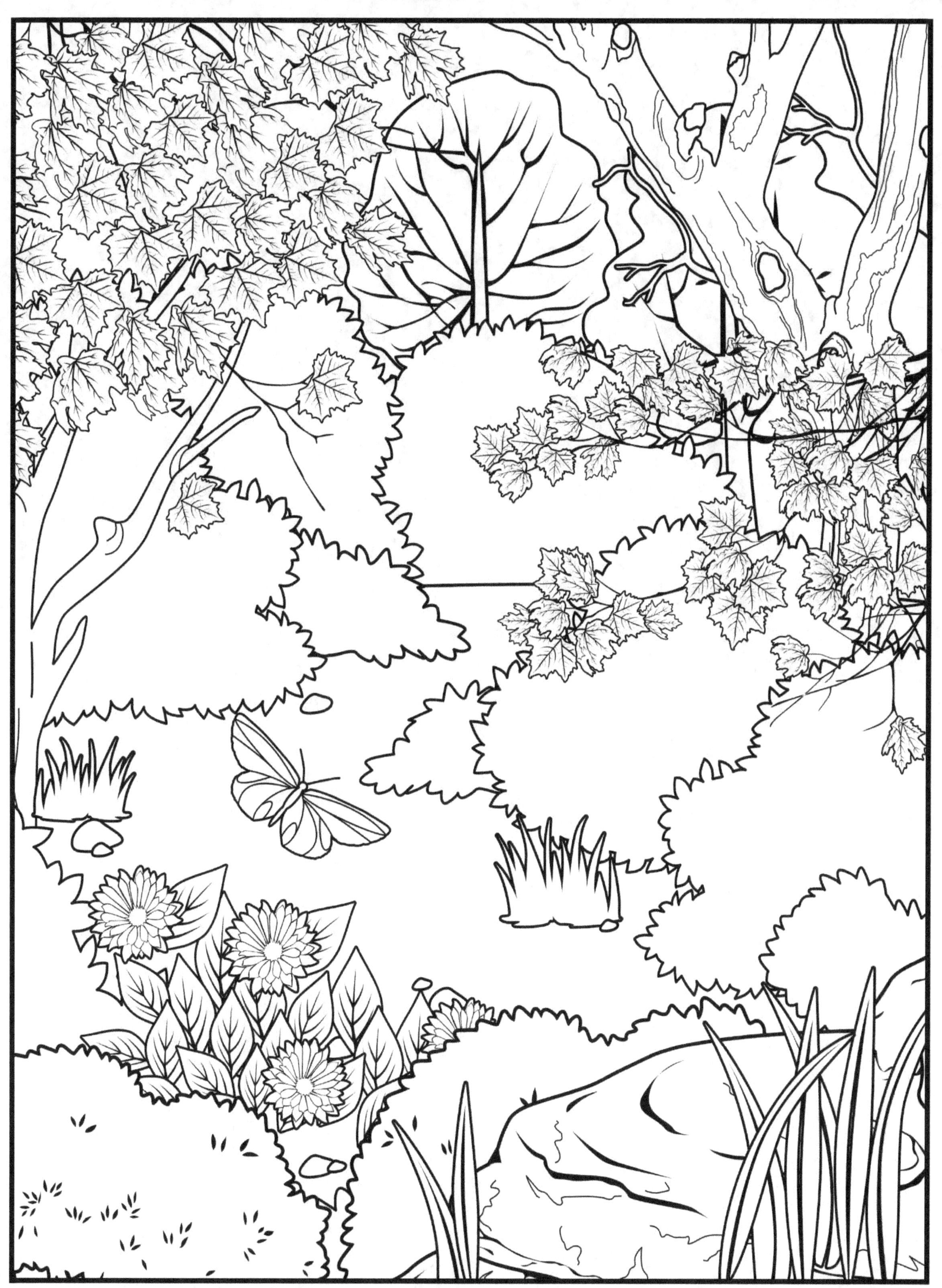

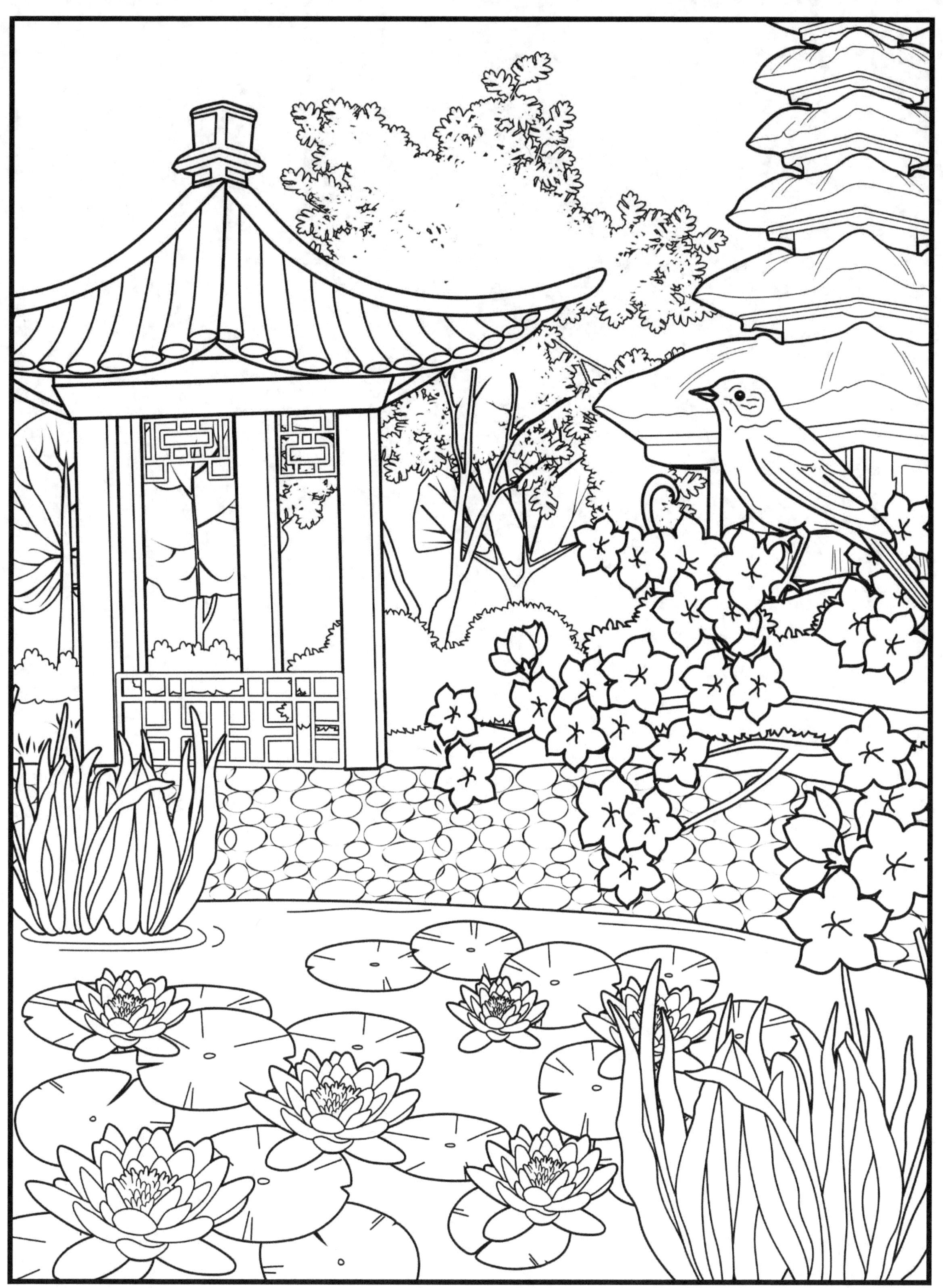

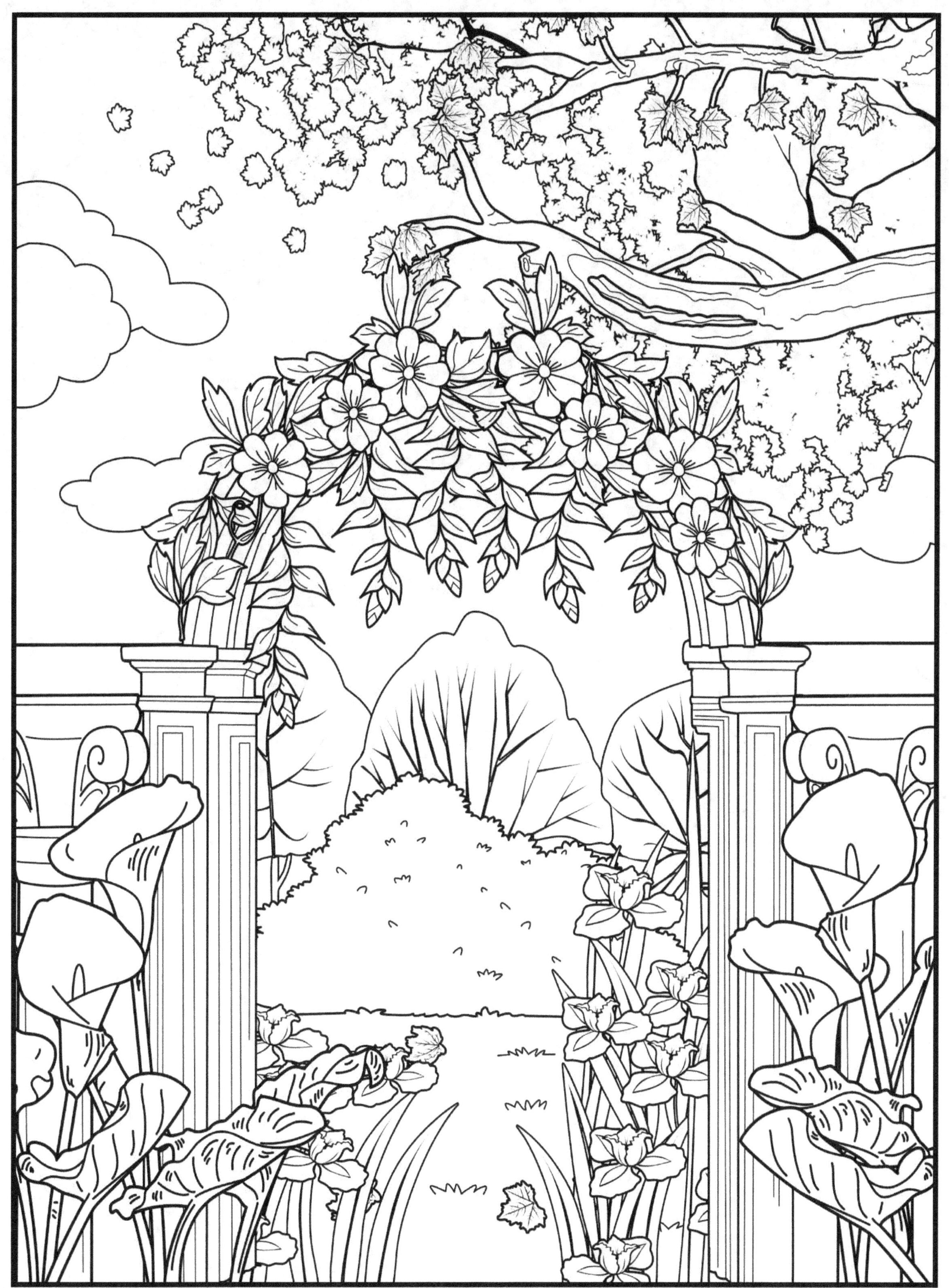

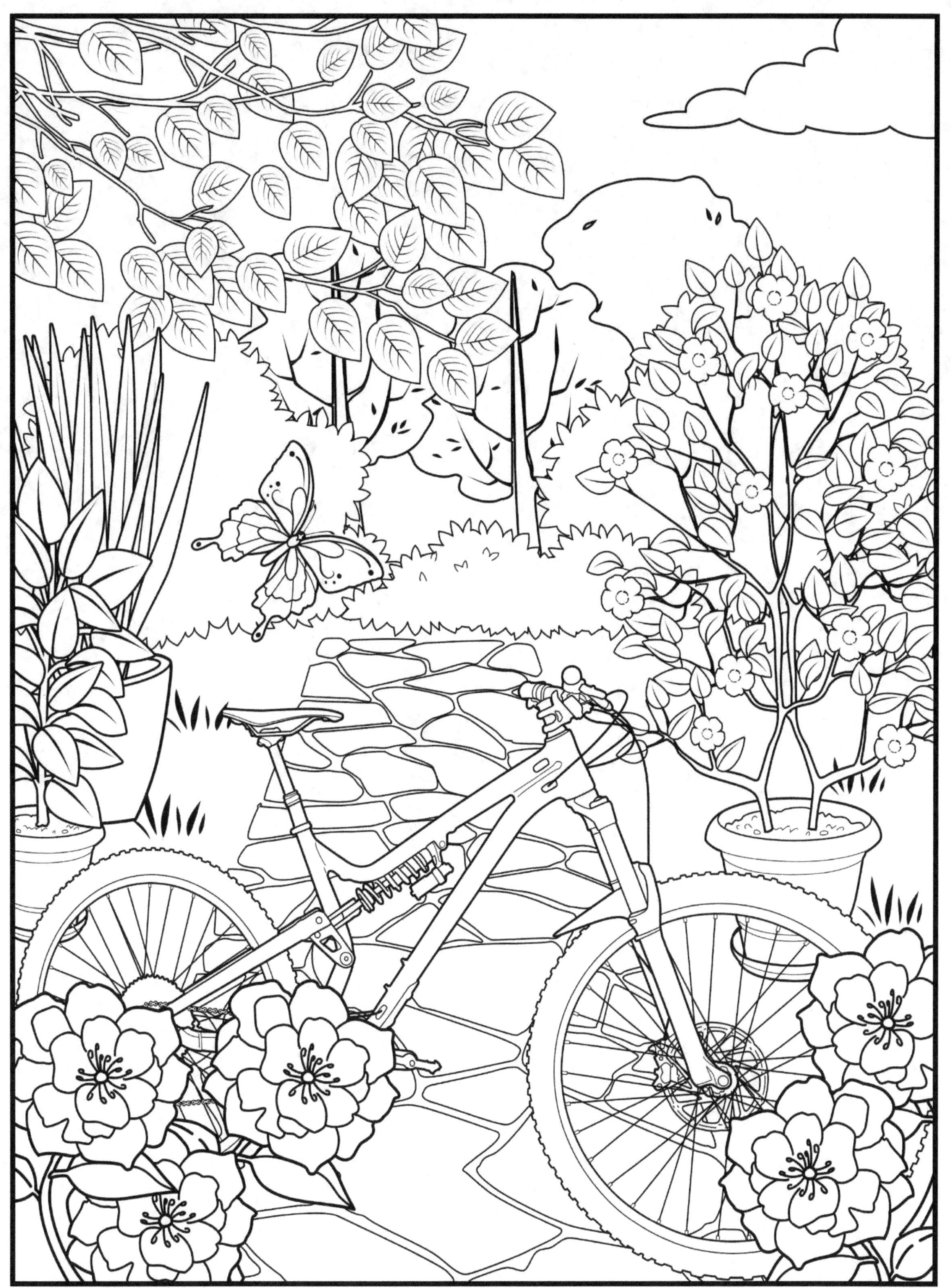

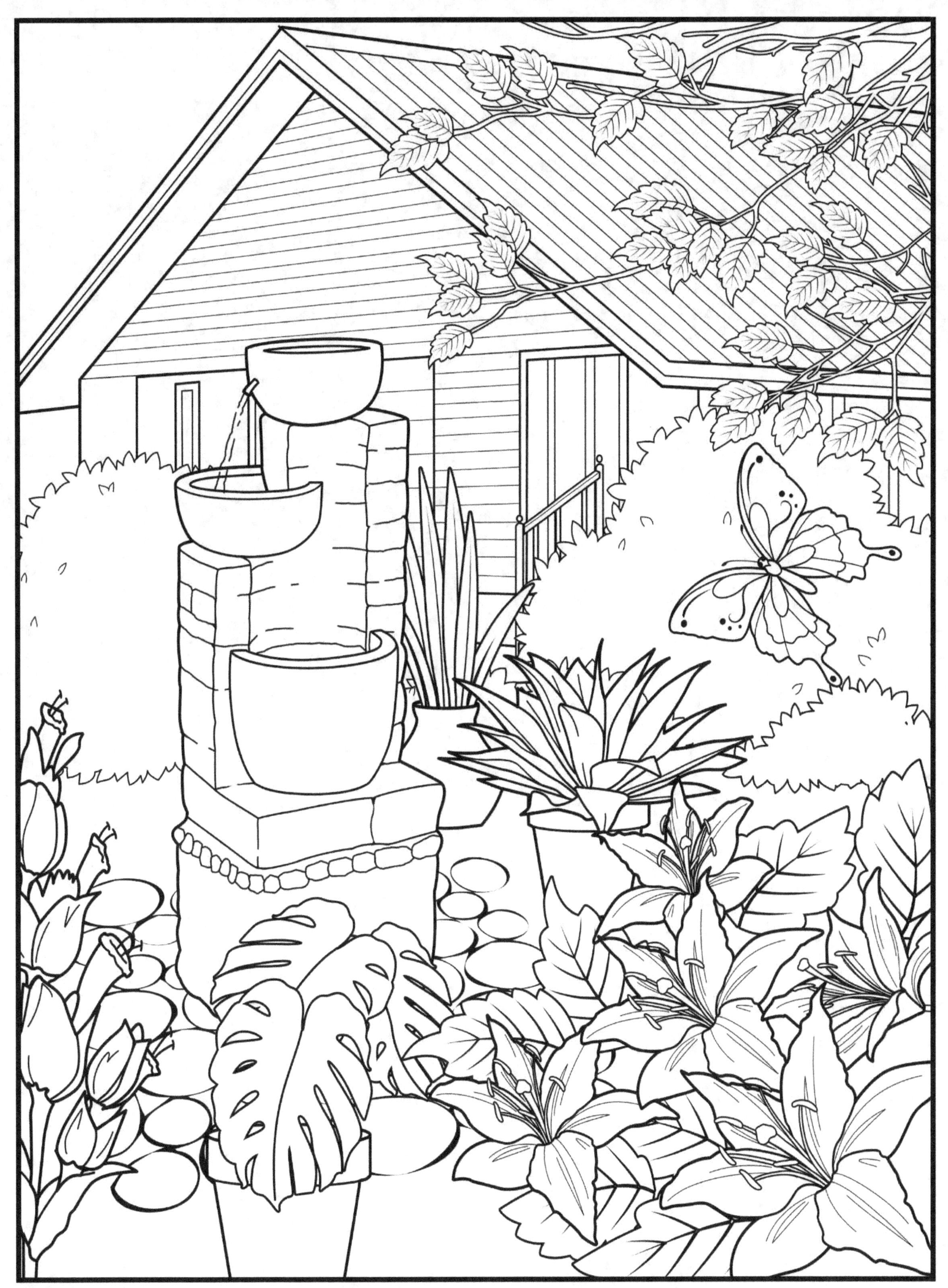

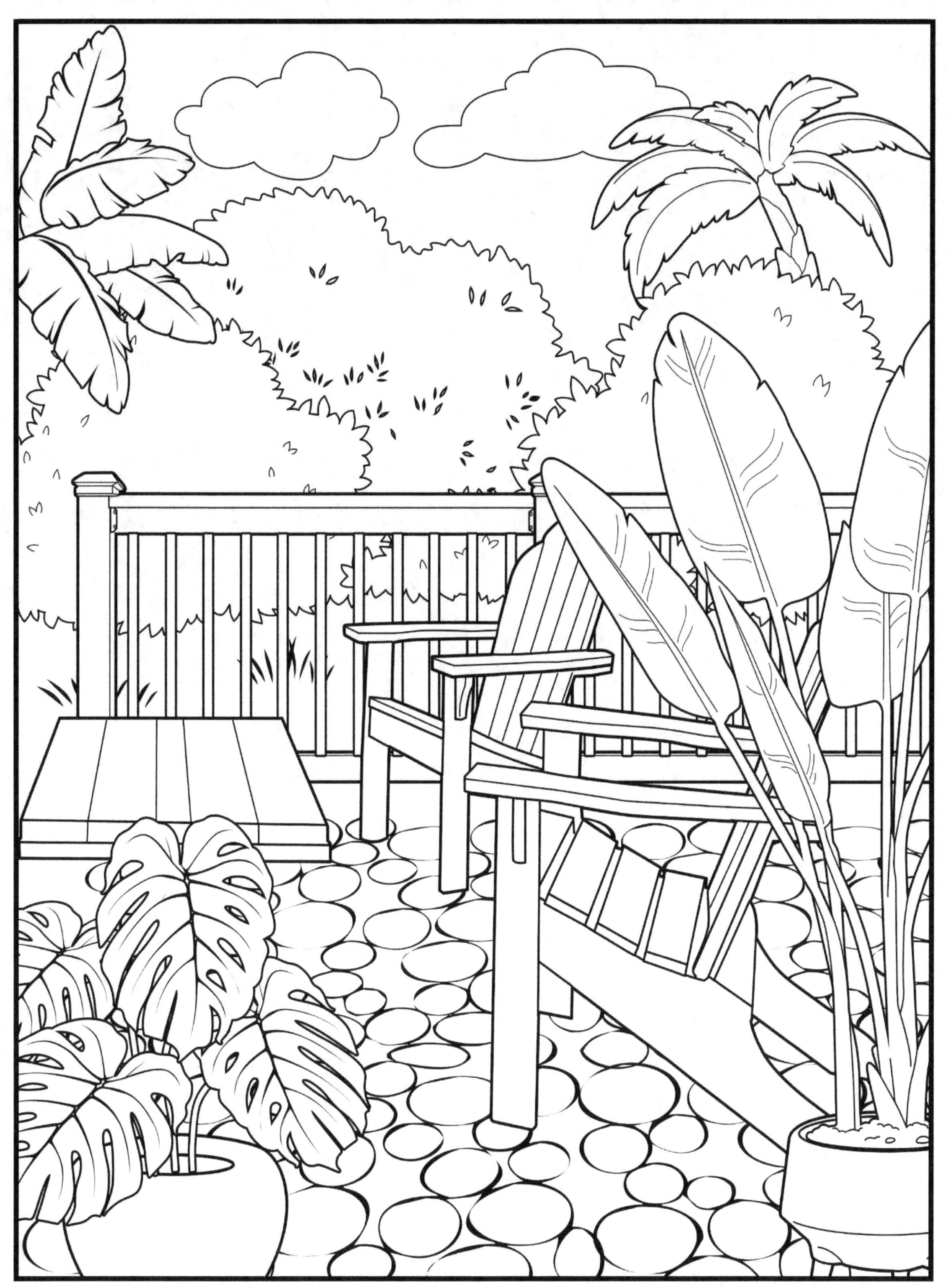

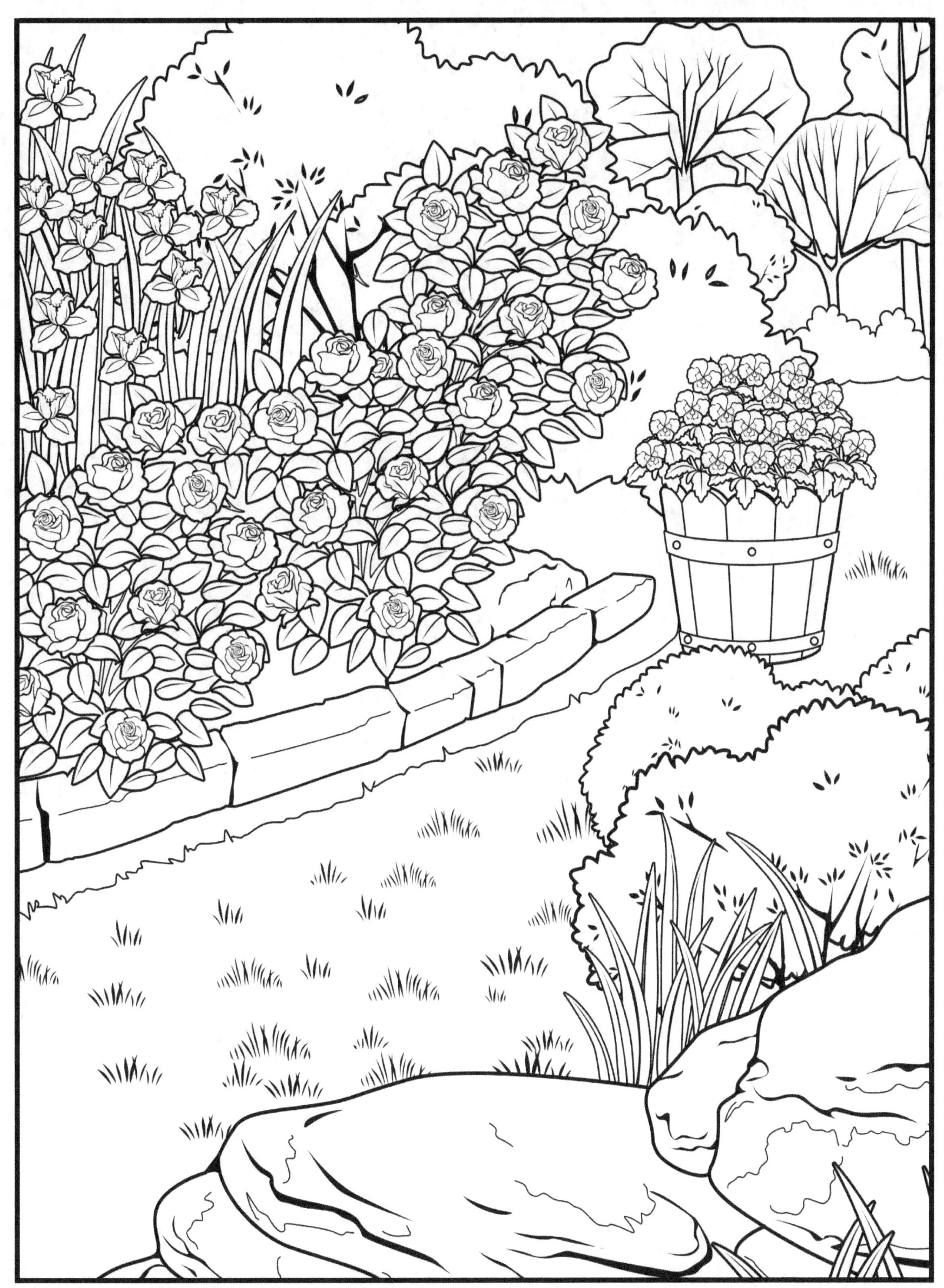

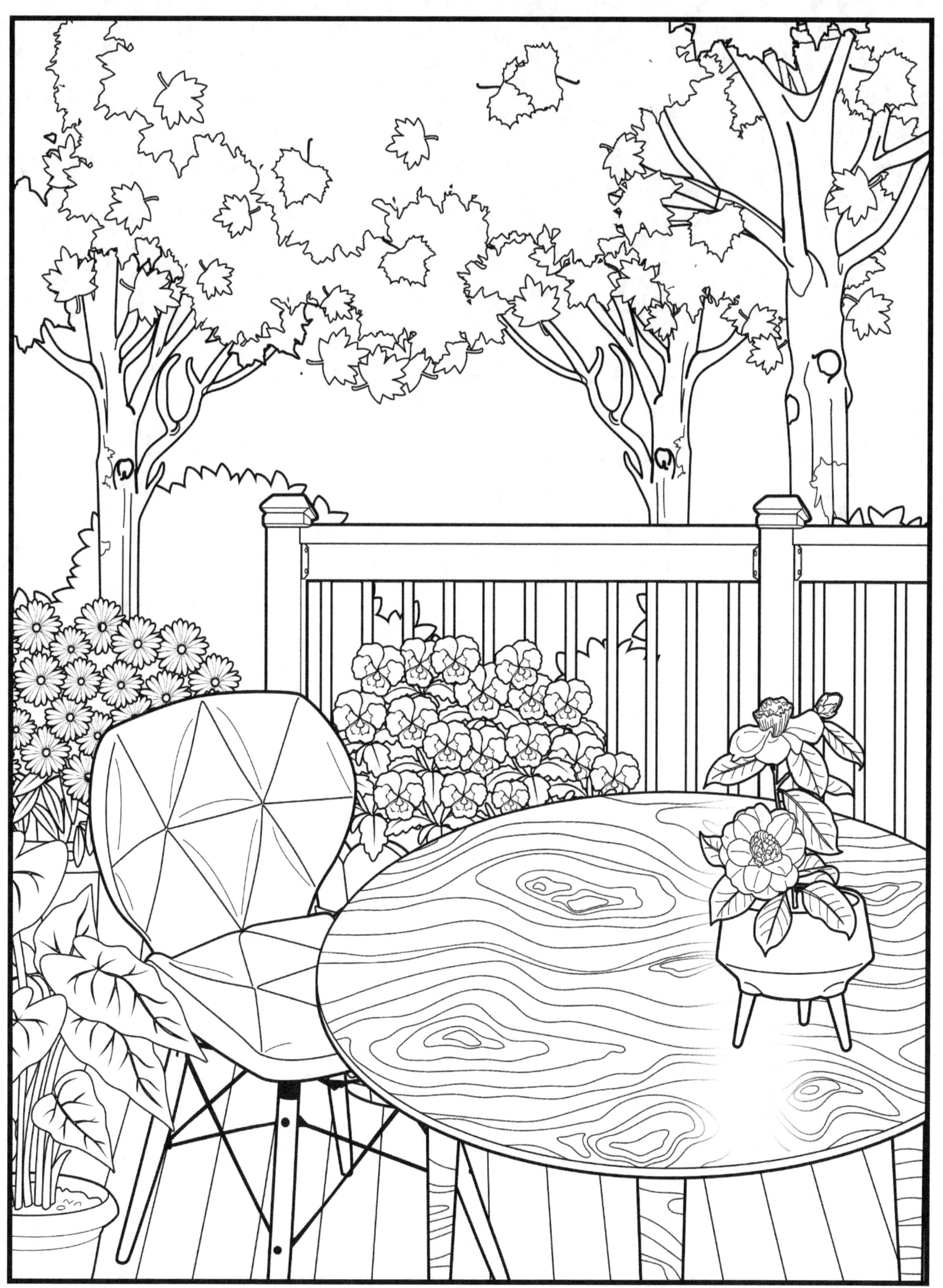

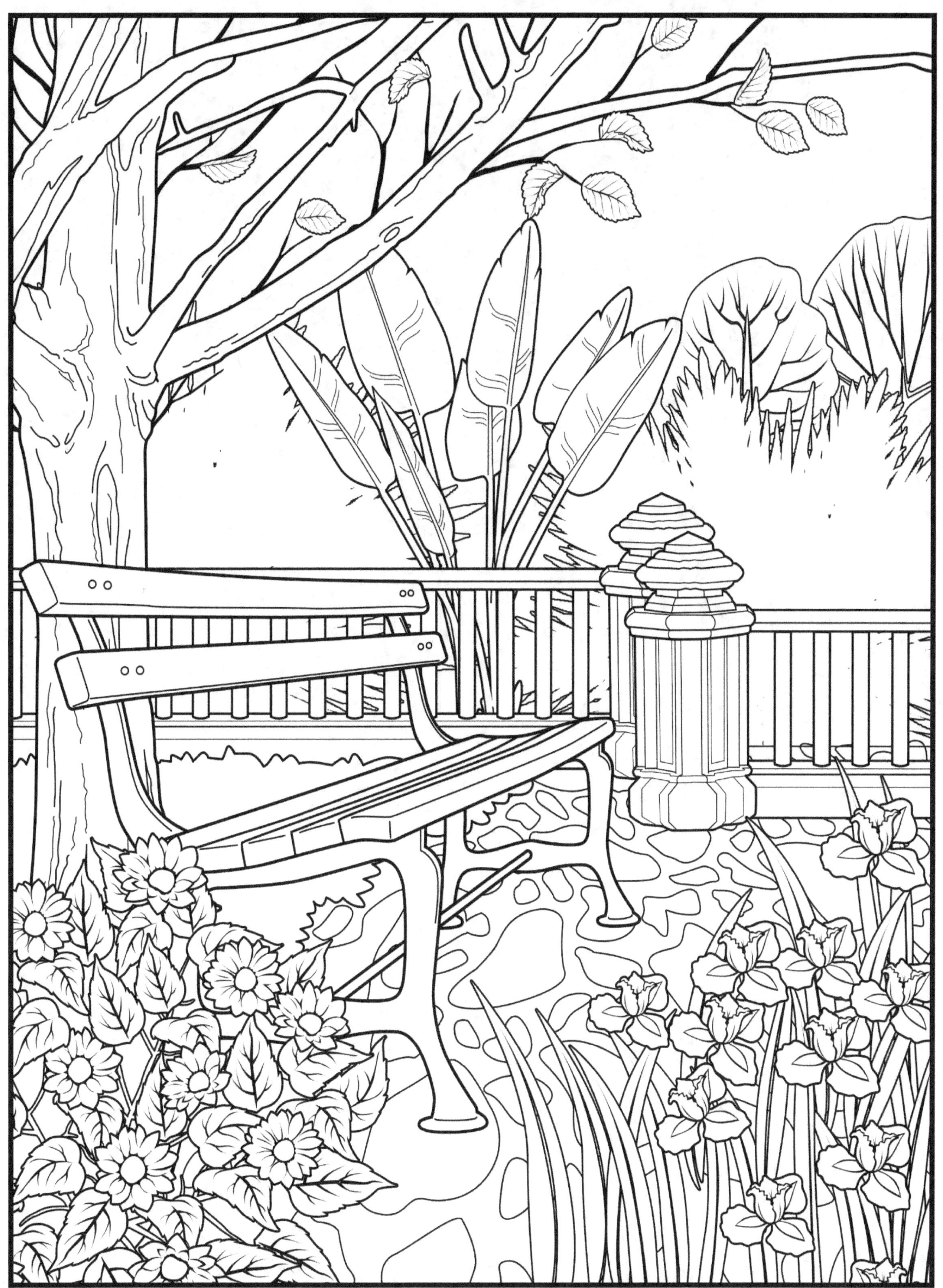

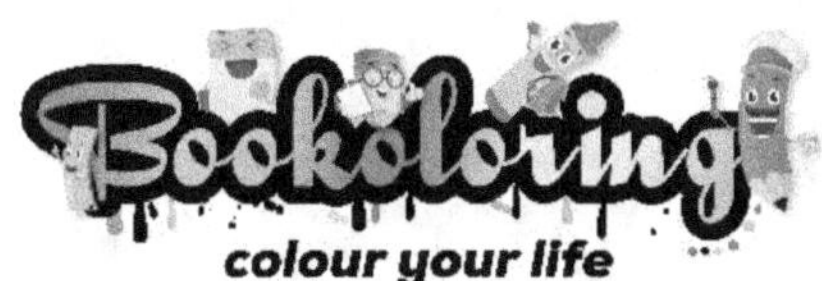


**www.bookoloring.com**